国家出版基金项目
NATIONAL PUBLICATION FOUNDATION

"十二五"国家重点图书
出版规划项目

唐慧　张向辉　廖娟凤　著

WENLAI WENHUA GAILUN

《东南亚研究》第二辑

文莱文化概论

中国出版集团

世界图书出版公司

图书在版编目（CIP）数据

文莱文化概论/唐慧，张向辉，廖娟凤著 . —广州：
世界图书出版广东有限公司，2014.12（2021.8重印）
　　ISBN 978-7-5100-9119-3

　　Ⅰ . ①文… Ⅱ . ①唐… ②张… ③廖… Ⅲ . ①文化—概
况—文莱　Ⅳ . ①G134.4

　　中国版本图书馆CIP数据核字（2014）第283409号

书　　名	文莱文化概论	
	WENLAI WENHUA GAILUN	
著　　者	唐　慧　张向辉　廖娟凤	
责任编辑	程　静　李嘉荟	
装帧设计	书窗设计	
责任技编	刘上锦	
出版发行	世界图书出版有限公司　世界图书出版广东有限公司	
地　　址	广州市新港西路大江冲25号	
邮　　编	510300	
电　　话	020-84184026　84453623	
网　　址	http://www.gdst.com.cn	
邮　　箱	wpc_gdst@163.com	
经　　销	新华书店	
印　　刷	广东虎彩云印刷有限公司	
开　　本	787mm×1092mm　1/16	
印　　张	10.5	
字　　数	169千字	
版　　次	2014年12月第1版　2021年8月第2次印刷	
国际书号	ISBN 978-7-5100-9119-3/G·1759	
定　　价	42.00元	

前　言

东南亚是指亚洲的东南部地区。根据地理特征，东南亚可以分为中南半岛和马来群岛两部分，包括位于中南半岛的越南、老挝、柬埔寨、泰国、缅甸和位于马来群岛的菲律宾、马来西亚、文莱、新加坡、印度尼西亚、东帝汶共11个国家。东南亚大部分地区位于北回归线以南，跨越赤道，最南抵达南纬11°，最北延伸至北纬28°左右。该地区北接东亚大陆，南邻澳大利亚，东濒太平洋，西接印度洋，是沟通亚洲、非洲、欧洲以及大洋洲的交通枢纽，也是中国从海上通向世界的重要通道。

由于地理位置上的邻近、民族关系的密切和文化上的相通，早在两千多年前东南亚各国就与中国建立了较为密切的政治、经济和文化联系。新中国成立后奉行睦邻外交政策，我国与东南亚各国的友好关系有了新的发展。进入21世纪后，中国政府明确提出了"与邻为善，以邻为伴"的思想，制定了"大国是关键、周边是首要、发展中国家是基础、多边是重要舞台"的外交方针，进一步强调"积极开展区域合作、共同营造和平稳定、平等互信、合作共赢的地区环境"。

本着这一精神，中国与东南亚国家展开了各种双边与多边合作，形成了多方位、多层次的合作框架，增进了彼此间的信任。随着2011年11月中国—东盟中心的正式成立，中国和东南亚国家间的务实合作关系得到了进一步提升，呈现出强劲的发展势头。世界上，像中国和东南亚这样，在两千多年时间里绵延不断地保持友好关系、进行友好交往的实属罕见。这种源远流长的友谊，成为双方加强合作的基础。

作为多样性突出地区，东南亚各国在民族、语言、历史、宗教和文化等方面五彩缤纷，各具特色。加强东南亚国别与区域研究，可以更好地帮助国人加深对东南亚的了解。为此，解放军外国语学院亚非语系集东南亚语种群自1959年办学以来之经验，在完成2012年度国家出版基金项目《东南亚研究》第一辑的基础上，与世界图书出版广东有限公司一道，继续申报了2014年度国家出版基金项目《东南亚研究》第二辑并获得了成功，本丛书便是该项目的最终成果。

参加本丛书编写工作的同志主要为解放军外国语学院东南亚语种群的专家学者。北京大学、北京外国语大学、南京国际关系学院和云南民族大学的部分专家学者也应邀参加了本丛书的编写。丛书参编人员精通英语和东南亚语言，有赴东南亚留学和工作的经历，熟悉东南亚文化。在编写过程中多采用第一手资料，为高质量地完成丛书奠定了基础。我们希望本丛书的编辑出版有助于读者加深对东南亚国家国情文化的认识，有助于促进中国与东南亚国家间的交流。

由于本丛书涉及面广，受资料收集和学术水平诸多因素的限制，书中的描述与分析难免存在疏漏与不足，恳请同行专家和广大读者不吝批评指正。

解放军外国语学院亚非语系

《东南亚文化概论》编辑委员会

2014年10月于洛阳

目　录

第一章　绪论

第一节　文化的含义

"文化"这个词是人们在人文社会科学领域应用得最多、最广泛的术语之一。然而，对"文化"这一概念的讨论在学术界却一直没有停止过。由于概念应用者所处的时代不同、社会环境不同、民族传统不同、社会地位不同以及研究的视角不同，"文化"这个术语所表达的意义也各有差异。美国学者罗威勒曾对此作过一个诙谐的调侃：在这个世界上，没有别的东西比"文化"更难让人捉摸的了。我们不能分析它，因为它的成分无穷无尽；我们不能叙述它，因为它没有固定的形状。我们想用文字来框定它的意义，这正像要把空气抓在手里一样：当我们去寻找"文化"时，它除了不在我们手里以外，无所不在。①

在我国古籍中，文化指的是封建社会统治者所施行的文治和教化方式。如汉代刘向《说苑·指武篇》云："圣人之治天下也，先文德而后武力。凡武之兴，谓不服也。文化不改，然后加诛。"晋代束皙的《补亡诗》也云："文化内辑，武功外悠。"南朝齐代王融的《三月三日曲水诗序》亦有"设神理以景俗，敷文化以柔远"的说法。

在西方，文化一词来源于拉丁文"cultura"，原意为对土地的耕耘和对植物的栽培，后来才引申为对人身体和精神两方面的培养。到18世纪以后，才逐渐把整个社会的知识和艺术、学术作品的汇集等包括进文化的范畴。不过，上述含义与科学意义上的"文化"概念均有较大的差别。从科学的角度探讨文化含义时，哲学家、人类学家、考古学家、社会学家、心理学家、传播学家、精神病学家乃至生物学家都曾下过富有自身特征的定义，而对近代社会科学影响最深的是人类学家对文化所下的定义。

人类学将文化用为术语，是从英国人类学家泰勒（Edward. B. Tylor）开始的。

① 郭齐勇：《文化学概论》，武汉：湖北人民出版社，1990年版，第2页。

1871年他对文化下了一个至今还有深刻影响的定义，认为文化是"包括全部的知识、信仰、艺术、道德、法律、风俗以及作为社会成员的人所掌握和接受的任何其他的才能和习惯的复合体。"① 此后，"文化"便成为社会科学研究中一个极重要的术语和研究对象。20世纪30年代英国人类学家马林诺夫斯基（B.K. Malinowski）在其名作《文化论》中发展了泰勒的思想，认为"文化是指那一群传统的器物、货品、技术、思想、习惯及价值而言的，这概念包容着及调节着一切社会科学。我们亦将见，社会组织除非视作文化的一部分，实是无法了解的。"

1952年，美国人类学家克鲁伯（A.L. Kroeber）和克拉克洪（Clyd Kluckhohn）对文化概念的历史演变进行了专门的梳理，著有《文化：关于概念和定义的探讨》，共收集了自1871年泰勒提出文化的定义到1951年80年间的160多个文化的定义，并以其重点分为六类：（1）描述性定义，把文化当作包罗万象的整体，并列举文化每一方面的内容。（2）历史性定义，强调文化的社会遗留性和传统性，认为整个社会的遗传就是文化。（3）规范性定义，强调文化是一种具有特色的生活方式，或是具有动力的规范性观念以及它们的影响。（4）心理性定义，把文化说成是人调适、学习和选择的过程，认为文化基本上是人满足欲求、解决问题、调适环境及人际关系的制度。（5）结构性定义，把文化作为一个价值系统来界定，认为文化是一种抽象的、建立于概念模型之上的、用以解释行为而本身却又不属于行为的东西。（6）遗传性定义，所注重的问题大致为文化是如何来的，文化存在及延续的因素是什么。这类定义虽也涉及文化的其他本质，但其重点却放在遗传方面。② 最后，他们自己也给文化下了一个综合性的定义："文化存在于各种内隐的和外显的模式之中，借助符号的运用得以学习与传播，并构成人类群体的特殊成就，这些成就包括他们制造物品的各种具体式样，文化的基本要素是传统（通过历史衍生和选择得到的）思想观念和价值，其中尤以价值观最为重要。"③ 这个文化定义为现代许多西方学者所接受。

此外，还有其他一些关于文化的有代表性的定义，如社会学家兰登贝格认为："文化可以被定义为是一套从社会活动中习得并传递的判断标准、信念、行为，

---

① ［英］爱德华·泰勒：《原始文化》，连树声译，上海文艺出版社，1992年版，第1页。
② 芮逸夫主编：《云五社会科学大辞典·人类学》，台北：台湾商务印书馆，1971年版，第18-19页。
③ 《中国大百科全书·社会学》，北京：中国大百科全书出版社，1991年版，第409页。

以及因此出现的行为的习惯模式，及其物质的和象征意义上的产物。"①而美国学者露丝·本尼迪克特的文化概念则是："文化是通过某个民族的活动而表现出来的一种思维和行为模式，一种使该民族不同于其他民族的模式。"②拉尔夫·林顿认为：文化是由习得性行为和人们的行为结果组成的构型，这一特定社会的成员共同享有并传承行为结果的各种组成要素。巴尔诺认为：文化是一群人共有的生活方式，是全部多多少少定型化了的习得性行为模式组成的构型，这些习得性的行为模式凭借语言和模仿代代相传。③

我国有不少著名学者也给文化作过种种界定。如梁启超说："文化者，人类心能所开积出来之有价值的共业也。"蔡元培说："文化是人生发展的状况。"梁漱溟则认为文化是"生活的样法。"陈独秀则主张把文化界定为"文学、美术、音乐、哲学、科学"等这一类的事。贺麟则从"心物合一"的角度出发，将文化界定为"经过人类精神陶铸过的自然"。胡适认为"文化是一种文明所形成的生活方式"，等等。④

时至今日，人们对文化的研究越来越细致深入，但学术界还是没有一个大家公认的文化定义。依据目前的研究成果，"文化"一词在定义上有广义和狭义两个层次上的差别。广义的文化，指的是人类所具有的，其他社会种类缺乏的那种东西，即人类异于禽兽的基本分野，如言语、知识、习惯、思想、信念、艺术、技术、规则、礼仪等等；狭义的文化，指的是一个社会因适应所处的自然和社会环境，追求安定的生活与子孙繁衍所发展出来的一套独特的生活方式，这也就是中国人之所以为中国人，美国人之所以为美国人，印度人之所以为印度人的依据。此外，学者们普遍认为文化具有以下几个主要特征：（1）文化是通过学习而得来的，是后天形成的，人的早期形成的文化属性对人的行为影响最大，也是最难以改变的。（2）文化是由若干部分或因素组成的，如语言、教育、社会组织、价值观念、风俗习惯等等，更重要的是，所有这些部分或因素又彼此相互关联、相互影响、相互依存，构成一个复杂的完整体系。（3）文化是某个社会、社区或某个族群、群体成员所共同拥有的。事实上，不仅不同的社会的文化存在差异性，甚至在同一

① 裔昭印：《世界文化史》，上海：华东师范大学出版社，2000年版，第2页。
② ［美］本尼迪克特：《文化模式》，张燕等译，浙江人民出版社，1987年版，第45-46页。
③ 马广海：《文化人类学》，济南：山东大学出版社，2003年版，第391页。
④ 孙秋云主编：《文化人类学教程》，北京：民族出版社，2004年版，第23-24页。

个社会中的不同群体的文化也有差异，也就是文化研究学者所关注的主流文化里的亚文化研究。（4）文化是永远发展变化的。任何一种文化都是处于恒常的变迁之中，古人云"时运交移，质文代变"，就是这一理论的生动说明。

毋庸置疑，文化是一个非常重要的概念，因为它产生了一整套解释、理解和描述人类行为或社会特性的理论和原则。由于文化概念本身具有复杂多义性，为了避免泛泛而论，文化研究者在对某一文化进行具体的描述和分析时，往往根据不同的视角对文化的内涵做出不同的层次划分，以便于更好地对其进行把握和解释。例如，从时间的角度可以将文化分为古代文化、中古文化、近代文化、现代文化等；从空间的角度可以将文化分为东方文化、西方文化，海洋文化、大陆文化，或中华文化、印度文化、阿拉伯文化、希腊—罗马文化等；从不同的社会层面可以将文化分为贵族文化、平民文化、官方文化、民间文化等；从不同的社会功能出发可以将文化分为礼仪文化、服饰文化、校园文化、企业文化等。这些从时间、空间、社会层面上对文化所作的分类属于外在角度的分类。而从文化自身内在逻辑结构的层次上，又可以将文化分为物质文化、精神文化两个层次，或者物质文化、精神文化、制度文化三个层次，甚至分为物质文化、精神文化、行为文化、制度文化四个层次。无论是两分法、三分法还是四分法，其所研究的都是文化本身的基本结构。① 由于三分法分类合理、简洁，在学术界影响较大，因此，本书在对文莱文化进行分析时采用了该种分类方法。从人与自然的关系、人与社会的关系、人与自身的关系出发，把文莱文化的内涵界定为三个层次：第一个层次是物质文化，指人类所从事的物质生产创造活动及其劳动产品，它反映了人类对自然的认识、利用和改造的程度与结果，包括服装饮食、居住条件、劳动器具、工艺技术等方面；第二个层次是制度文化，指人类社会实践活动中所建立的各种社会规范的总和，用来解决和规范协调人与人之间的行为，其中包括生活方式、家庭模式、行为礼仪、风俗习惯、节日庆典等等；第三个层次是精神文化，指人类在长期的社会实践活动和意识形态活动中升华出来的价值观念、知识体系、审美情趣和思维方式，包括文学、音乐、艺术、戏剧、思想、宗教信仰等等。文化作为人类社会生活的体系特征，每个层次既有区分，又相互联系，是浑然一体的。

---

① 钟智翔：《缅甸文化导论》，军事谊文出版社，2005年版，第3页。

第二节　文莱文化的特点

文莱（Brunei Darussalam）全称"文莱达鲁萨兰国"，意为"和平之地"、"安乐之邦"，是东盟10国中人口最少的国家，也是一个独立刚30年的年轻国家。此外，文莱还是一个宗教色彩和马来民族传统较浓厚的国家，其文化具有马来文化和伊斯兰文化以及君主制相融合的独特之处。

1984年1月1日，文莱正式脱离英国保护，成为独立的主权国家。文莱苏丹哈桑纳尔·博尔基亚一直致力于维护和提高伊斯兰教在国家主体文化中的地位。独立后，文莱政府宣布保留1959年宪法将伊斯兰教定为国教的条文，并且以伊斯兰教教义作为制定国家政策和社会行为规范的准则，力图建立一个一元化的伊斯兰社会。

在国家独立前夕，文莱苏丹就曾宣布其政治目标："文莱达鲁萨兰将永远是一个独立的马来穆斯林君主国，永远尊奉逊尼派的伊斯兰教原则，基于自由、信任和公正，不断寻求真主的引导和保佑、和平与安全、福利与幸福。"[1]1990年，文莱苏丹公开赞扬将伊斯兰文化与文莱马来文化和君主权力相结合的新的思想体系，强调传统的伊斯兰价值观与文莱马来文化的独特性。这种思想体系就是"马来伊斯兰君主制"（Melayu Islam Beraja，其缩写为MIB）。文莱政府将MIB正式确定为官方意识形态，其中伊斯兰原则是其核心。

"马来伊斯兰君主制"的出台与文莱当时面临的社会问题密切相关。独立后的文莱与国际社会接触越来越密切，西方思想文化观念也随之渗透，影响文莱人的思想和生活方式，尤其是一些年轻人更乐于接受外来的新鲜事物，有些人开始质疑君主制度的合理性，有些人的传统观念开始动摇，甚至伊斯兰教的宗教信仰亦受到冲击。在此情形下，保守派人士决定像印度尼西亚和新加坡那样，以本土文化反击西方文化。文莱政府把"马来伊斯兰君主制"正式确定为官方意识形态时主要强调三方面的内容：一是马来文化传统及价值观念；二是正统的伊斯兰教信仰；三是君主制。

"马来伊斯兰君主制"所倡导的第一点是马来人。马来族是文莱的主体民族，

---

[1]　许利平：《当代东南亚伊斯兰发展与挑战》，北京：时事出版社，2008年版，第66页。

在政治、经济上享有特权，是文莱政治统治的基础。在马来人传统价值观中，苏丹是马来人的保护者，马来人要对苏丹保持忠诚。15世纪文莱建立了伊斯兰教君主国，从此伊斯兰教的宗教信仰与君主制在马来人的生活中打下了深深的烙印，对马来文化传统及价值观念的形成产生了很大的影响，这就是文莱的历史与文化特征。[①]这一价值观念仍然影响到现在的文莱政治，文莱苏丹号召人民保持本民族的特性，认为文莱人必须发展他们作为马来人的特性，他们不必仿效其他人的思维方式，因为这将导致文莱特性消失。他还指出，"以伊斯兰教及忠于君主为中心的生活方式是文莱人的生活方式，任何人不可以亵渎"。苏丹通过推行"马来伊斯兰君主制"，进一步强化马来人对苏丹的忠诚，加强自己的君主制统治。

"马来伊斯兰君主制"所倡导的第二点是正统的伊斯兰教信仰。1959年文莱制定了当地历史上第一部宪法，正式把伊斯兰教定为国教。1984年独立后尤其是确立"马来伊斯兰君主制"以后，苏丹及其政府更是致力于强化伊斯兰教的地位。苏丹博尔基亚亲自出面，大张旗鼓地在全国宣传"马来伊斯兰君主制"，其主要内容是把忠君思想与伊斯兰教精神结合在一起，宣扬"君权神授"，把苏丹奉为"伊斯兰教的捍卫者"、"真主安拉的使者"，为维护苏丹的专制统治提供宗教上的理论依据。"马来伊斯兰君主制"现在已成为文莱普通人的行为准则。"任何人不得反对政府的伊斯兰化政策，不得怀疑苏丹对伊斯兰教的虔诚，也不得怀疑苏丹在宗教上的绝对权威。"[②]为此，政府设立了宗教委员会，专司伊斯兰教事务。凡是伊斯兰教的重大节日，官方都要举行隆重的庆祝活动，在具体实践中宣扬苏丹的权威。

文莱政府在教育、日常生活、经济等领域强化伊斯兰的价值观。政府鼓励文莱穆斯林积极投身于商业工作，减少商业上对外国人的依赖。在文莱的高等教育和初级教育体系中，伊斯兰教课程为必修课，青少年必须学习。政府还拨出巨款，新建清真寺，提高学校的伊斯兰文化课的教学水平。文莱政府在第六个五年计划（1991—1996年）曾拨款5600万文莱元用于兴建清真寺。文莱苏丹几乎每周都选择一座乡村清真寺与民众共同参加伊斯兰教的"主麻聚礼"。在日常生活中，政府禁止人们销售和饮用酒类等。自2001年3月开始，文莱宗教部伊斯兰教法庭执行一项新的法令，不仅所有到国外饮酒的穆斯林都将被提起公诉，而且其他违反宗教教义的举动，如购买、销售酒精饮料等，也将被起诉。在政府的引导和约束

---

① 黄云静：《汶莱立国哲学（MIB）》，载《东南亚研究》，1995年第6期。

② 张学刚：《文莱民族宗教概况》，载《国际资料信息》，2003年第12期，第22页。

下，文莱成年妇女在公共场所必须披戴头巾、穿传统的马来服装，穿短裙的妇女是不受欢迎的；女性禁止进入王宫；带有色情的电影禁止放映；城市几乎没有什么夜生活和娱乐场所。

"马来伊斯兰君主制"所倡导的第三点是君主制。在历史上，文莱曾沦为英国的殖民地，其政治、经济、外交、国防等受到英国的全方位控制。但为了维持统治，与当地统治者合作成为英国殖民者的"策略"之一。苏丹在当地社会作为精神领袖、宗教核心和社会支柱的作用得到殖民者的利用，所以尽管大权旁落，但文莱王室家族始终没有退出历史舞台，而是一直得以延续。独立后，文莱宪法规定，苏丹为国家元首，拥有全部最高行政权力和颁布法律的权力，同时苏丹也是最高宗教领袖。内阁大臣由苏丹任命，向苏丹负责，苏丹可随时撤换大臣；总检察长和高级法院司法专员（大法官）亦由苏丹任命。苏丹有权宣布紧急状态和修改现有法律，包括宪法的条款。君主制是文莱马来文化及伊斯兰教信仰的保护者，苏丹通过马来化和伊斯兰教政策，强化君权统治，使文莱成为当今世界上少数几个完全由王室掌权的国家之一。苏丹本人作为政教权力的直接代表和绝对核心，和其王室家族掌控了整个文莱国家的政治、宗教、经济、军事等诸多领域的核心权力，并通过这些特权影响到每个公民的宗教信仰和世俗生活。

可以说，"马来伊斯兰君主制"既是文莱的立国哲学，也是其国家主体文化的核心，伊斯兰文化、马来文化和君主权力的高度统一和结合构成了文莱文化最大的特点。君主制使得马来文化和伊斯兰信仰在文莱具体化了，与君主制有关的各种礼仪是文莱文化及其特性的表达。由于文莱伊斯兰教色彩和马来民族传统均较深厚，形成了当前注重和谐、恭谦的独特社会文化，其基本特征就是重视社会、族群、人际关系的和谐，重礼仪，讲规矩，不鼓励过激行为，关注弱势群体等。苏丹和政府在继承和保护马来传统文化的同时，也允许并鼓励华人等族群保持并弘扬本民族的语言教育和传统文化，以维护社会文化的多样性。

第三节　区域一体化与文莱文化发展

1984年1月1日，文莱摆脱英国的殖民统治，获得独立。之后，文莱便提出了加入东盟的申请，并于独立后仅一星期，即1月7日就被批准加入东盟，成为东盟的第六个成员国，也是东盟在成立18年后接纳入盟的唯一国家。文莱加入东盟具有重要的意义：一方面，它为其余东南亚国家加入东盟树立了榜样，事实上启动了大东盟形成的进程；另一方面，由于文莱油气资源丰富，其入盟可使东盟以资源、经济实力为主要成分的综合力量得以加强。

东盟在成立之初就提出建立东南亚共同体的目标，实际上就是要建立一个包括东南亚所有国家在内的"大东盟"。文莱加入东盟其实标志着东盟向"大东盟"的方向迈出了实质性的一步。之后不久，面对冷战后全球化和区域化不断加强的趋势，东盟迅速作出反应，采取了一系列措施加强东南亚的区域一体化。在文莱入盟之后，又先后吸收越南、柬埔寨、老挝和缅甸为成员，在短时间内完成了从东盟到"大东盟"的转变，囊括了东南亚地区的所有国家（当时东帝汶还没有获得独立）。为提升东盟成员国之间的合作水平与深化合作程度，2003年10月7日，东盟各成员国在印度尼西亚巴厘举行的东盟首脑会议上，通过了《东盟共同宣言Ⅱ》（也有人译为《巴厘共同宣言Ⅱ》）。各国同意在2020年建立"东盟共同体"，加速推进东盟区域一体化进程。"东盟共同体"包括东盟安全共同体、东盟经济共同体和东盟社会文化共同体。它们之间的关系紧密交织，相互促进，以实现本地区持久和平、稳定和共同富裕为目的。为了将宣言确定的目标进一步付诸实施，2005年东盟万象首脑会议又推出《万象行动计划》和《东盟关于一体化优先领域的框架协议》，把宣言确定的目标具体化。由此，东盟的区域一体化进程迈进一个新的阶段。2007年1月，第十二届东盟首脑会议签署了《宿务宣言》，决定加快东盟共同体建设进程，规划了提前5年即于2015年建成东盟共同体的目标。2007年11月第13届东盟首脑会议正式签署了《东盟宪章》。该宪章是东盟成立40年来第一份适应东盟自身现状特点的法律文件，它大大加速了东盟从一个松散的组织，朝一个更具凝聚力、更有效率和更有规范性的组织转变的进程，加速实现以宪章为基础的东盟共同体。

显然，区域一体化已成为当今世界的发展趋势，并且产生着广泛而深刻的影响。在这一大背景下，东盟的区域一体化，尤其是东盟共同体的建设，将给文莱文化的发展带来怎样的影响？笔者认为，总体而言，东盟区域一体化符合东盟各国人民的长远利益，已经并将继续给区域内各国的政治、经济和社会文化带来有利影响。作为东盟成员之一，文莱文化的发展无疑也受其影响，其中最突出的莫过于文莱文化的开放性变得更强，与区域内外国家展开的文化交流和合作会更加频繁和广泛。由于特殊的地理位置，从过去到现在，文莱对周边地区都具有重要的战略意义。如今，文莱在"东盟东部增长区"次区域合作中的中心地位更决定了其将成为建设21世纪"海上丝绸之路"的重要一环。因此，文莱就是想把自己封闭起来，实际上也是办不到的。在区域化进程中，随着各国政治和经济的密切合作，文化上的交流自然也会增强。文莱将一如既往地吸收外来文化，并根据自己的需要吸收其精华并加以改造，从而使自己的文化发展繁荣。此外，作为东盟中的小国，文莱拥有油气资源丰富这一优势，但同时也存在由于国土狭小、人口稀少带来的不利因素。在区域一体化建设中，文莱除了能在经济发展和安全合作方面获益，更重要的是当东盟推进在公共卫生、教育、人力资源开发、环境保护和灾害预报等领域的密切合作过程中，文莱也能获益良多。

但需要指出的是，就文莱文化的独特性而言，不会因为区域一体化而发生质的改变。原因在于：首先，东盟的一体化是建立在"尊重各成员国的独立、主权、平等、领土完整和民族特性"的前提下，这确保了各国文化的个性色彩，东盟各国在社会文化方面原有的多样性和差异性无疑会长时间存在；其次，东盟各国大多是在战后获得独立的新兴民族独立国家，这些国家的政府和人民在社会—文化共同体建设中更重视自己本国的"民族特色"，而不是整个东盟的"区域特色"。因此，文莱在加强对外开放，密切交流合作，积极参与一体化建设的同时，在文化上会更加注重保持和突出自己的"马来伊斯兰君主制"文化特色。比如，文莱政府非常重视控制外来文化对文莱造成的冲击，尤其是对西方文化实行有限制的"引导开放"政策，一方面不限制国民上网，收看西方电视节目，也放映全球最新的影片；另一方面，又采取措施，对电视和电影内容严格审查，严防有悖于文莱传统的内容传入。与此同时，政府大力推行"马来伊斯兰君主制"思想，把它视为巩固国家统一的意识形态，要求全体公民尤其是年青一代遵奉伊斯兰教，强调文莱人生活方式的核心是伊斯兰教信仰、忠君思想及文明礼貌，任何人不得破坏这一核心。

在全球化进程日益加快以及各国文化交流与合作日益频繁的今天，文莱的"马来伊斯兰君主制"文化特色无疑是比较独特的，这种独特之处与其历史与文化传统难以分割，并且由于其经济和社会的和谐发展以及君主立宪政体的自身微调，而被文莱人民所接受和拥戴，这正是文莱文化的与众不同之处。

第二章　文化地理环境

第一节　地理状况

一、地理位置和地形

文莱位于加里曼丹岛（也称婆罗洲）的西北部，赤道以北443千米，东经114°02′至115°22′、北纬4°02′至5°05′之间。文莱北濒浩瀚的南中国海，整个国土被马来西亚所分割、环绕，东南西三面均与马来西亚的沙捞越州接壤，被位于沙捞越州北部的林梦分隔为不相连的东西两部分，形成一个W状，中间隔着一片浅浅的海湾。文莱国土面积5 765平方千米，与马来西亚有381千米的陆地边界，东西最长处为150千米，南北最长处为65千米。海岸线长约161千米，共有33个岛屿，其中2个岛屿在海上，其余大部分在文莱河下游的河口地区。

文莱由陆地和海洋组成，其中陆地面积占总面积约四分之三，而且约80%的面积被原始森林覆盖。文莱地形特点非常突出，呈现东高西低的地势。东半部由广阔的沿海平原向内地延伸为崎岖的山地，尤其是淡布伦地区地势较高；西半部为丘陵低洼地，这里的白拉奕河流域、都东河流域及文莱—穆阿拉地区是文莱的主要部分。位于淡布伦区东南面与马来西亚的沙捞越州交界处的巴贡山是全国最高峰，海拔1 841米。海洋部分，大陆架较长，海底比较平坦，海水深度一般在18米以下。海面平静，沿海缺乏能避风的深水港，领海内岛屿也不多。

文莱处于南中国海通往印度洋和太平洋的海上咽喉要道，其地表是典型的海岛地形，陆地是在第三纪地盘岩的基础上演变而来的，主要成分有砂岩、页岩和黏土。尽管有森林覆盖，但由于长年累月的高温和高降雨量导致地表遭到严重的腐蚀和风化，造成地层沉降，形成了起伏不平的山脉和险峻的沟壑，由于洪水和河流冲刷山坡，使山坡上的水土流失非常严重，其沉淀物形成了沿海平原。

二、气候

文莱全境处于低纬度地区，属于热带雨林气候，常年高温多雨，湿度大。全年气温相对平稳，温差小，最高气温一般为33℃，最低为25℃，年平均气温28℃。气候受热带季风影响，一年分为旱季和雨季。每年3月至8月是旱季，降雨较少，气候炎热；9月至次年2月是雨季，雨量较充沛，气候凉爽，12月为每年雨量最大的季节。文莱的降雨量因地区而异，年均降雨量为2 500～3 500毫米，而在沿海地区年降雨量可达7 500毫米。文莱全国可以分为3个降雨带，一个是东部的淡布伦，年均降雨量为4 000毫米；一个是包括文莱—穆阿拉、白拉奕和都东的大部分地区，年均降水量2 900毫米；一个是从杰鲁东到都东谷地中部的一小块地方，降雨量较少，年均2 400毫米。由于雨水较多，文莱的湿度较大，全年平均湿度在67%～91%之间波动。

由于地处加里曼丹岛的西北、面向环南中国海的岛链的内侧，途经南中国海的热带风暴、旋风和台风对文莱影响很小，因此文莱遭受的此类自然灾害较少，主要环境问题是马来西亚季节性森林大火产生的烟雾，此外，文莱受潮汐的影响很大。

三、河流

文莱虽然国土面积狭小，但是境内却流淌着多条河流，其中较大的有4条，即白拉奕河、都东河、淡布伦河和文莱河。这些河流发源于沙捞越南部的高原地带，由南向北流出，经丘陵，越平原，入大海。河道曲折狭窄，水流湍急，可航距离较长，入海处多沙洲与冲积平原。

白拉奕河（Belait）为文莱最大的河流，全长32千米，发源于文莱和马来西亚沙捞越交界的山区，由东南流向西北，纵贯白拉奕区全境，最后注入南中国海。白拉奕河上游地区森林茂密，人口稀少；下游地区是广阔的森林泥炭地带，河谷盆地是主要的水稻产区，河口为沼泽地，河道已部分疏浚，可通航。白拉奕河流域面积2 700平方千米，在白拉奕镇处河面最窄。

都东河（Tutong）由南往北流经都东区境内，注入南中国海，流域面积为1 300平方千米。沙洲和沙坑造成都东河湾地况复杂，由于受潮汐影响，都东河两岸地势较低的积水地区多为易被水淹没的平原，平原上有茂密的森林和小块的土地。都东河上游地区多生长丛林和农作物，有文莱最大的湖泊莫利本湖。都东河河口处的低洼地区有着密集的作为沿海鱼类栖息场所的红树林和椰子树。

淡布伦河（Temburong）发源于淡布伦区南部与马来西亚沙捞越交界处，由东南向西北纵贯淡布伦区，最后流入文莱湾。

文莱河（Brunei）是文莱重要的淡水水源，由南往北流，经过文莱—穆阿拉区，在首都斯里巴加湾市附近流入大海。斯里巴加湾市的大部分标志性建筑物都建在文莱河沿岸和附近地区。该河上游河段生长着热带丛林，临近出海口的河水是咸的。

此外，文莱还有一条林梦河（Limbang），它由南向北主要流经淡布伦区与文莱—穆阿拉之间的马来西亚沙捞越林梦地区，在文莱—穆阿拉区境内注入文莱湾。

四、岛屿

文莱的33个岛屿总面积为79.39平方千米，占文莱国土总面积的1.4%。这些岛屿中只有两个位于海上，其余大部分位于文莱河的下游和河口地区。除了个别岛上有人居住外，文莱大部分岛屿为无人岛屿，仅有渔民、考古工作者、探险队和旅游者出没。

文莱最大的岛屿为柏南邦岛（Beranbang），该岛因为具有丰富的天然气，是文莱经济发展的发动机。1917年，柏南邦岛上发现了天然气，曾为英国殖民者带来了不菲的收入。柏南邦岛上人口稠密，道路通畅，村落整洁，居民和睦相处。特林达岛（Terindak）是文莱最小的岛屿，传说该岛是500多年前修建的一座人工岛屿，现在岛上有茂密的红树林。

坐落在文莱河口的切敏岛（Chermin）尽管目前是一个荒芜的小岛，但在文莱历史上曾"光芒四射"。据目前的考古发掘，该岛是古代文莱与本地区其他国家开展贸易的地点。考古学家在岛上发现了中国唐朝和明朝的瓷器，成为文莱与中国友好交往的证据。由于该岛的历史价值，现在文莱公民必须向有关部门申请准许才可以登岛。

与切敏岛相类似，靠近穆阿拉港口附近的穆阿拉·贝达（Muara Bendar）也是文莱的一个古迹。穆阿拉·贝达是一个低洼地区，无人居住。该岛具有丰富的天然气，1890年被作为天然气储存地。日军占领文莱后，该岛被当作出入港口和供应基地。1945年，盟军对该岛进行猛烈轰炸，并将日军驱逐出境。

在穆阿拉海域有个宝岛属于文莱自然保护区，为了防止影响岛上野生动物繁殖和破坏生态平衡，文莱有关部门已经采取措施阻止该岛的开发。该岛附近有景色迷人的珊瑚礁及稀有海龟。在靠近淡布伦河口的位置有一个已经被文莱政府定位为旅游景点的西里郎岛（Selirang），目前已经得到一定程度的开发。

第二节　自然资源

一、矿产资源

由陆地和海洋构成的文莱国土，经过地壳长期的变动，使这块土地有着丰富的矿产资源：碳氢化合物，即石油和天然气。从20世纪初发现石油到60、70年代对石油、天然气的大量开采，文莱的经济结构发生了根本性的变化，并成为东南亚第三大产油国和世界第四大天然气生产国。石油和天然气成为文莱经济的主要支柱，每年的油气产值和出口收入占其国内生产总值的（GDP）的60%以上和出口总收入的90%以上，是一个名副其实的"浮在油气上的国家"。凭借石油和天然气，文莱也从一个贫穷落后的农业小国变为当今世界上最富裕的国家之一。

文莱的石油开采始于1929年，当时在文莱发现了一个储量丰富的陆上油田——诗里亚油田。1950年，该油田的石油产量稳定在11.5万桶/天。文莱石油产量的峰值出现在1979年，约为24万桶/天，但文莱政府为了延长油田的开采寿命和提高石油开采率，减少了石油产量。目前已探明文莱石油储量约为14亿桶，天然气探明储量约为3 200亿立方米。在产量方面，目前文莱的原油日产量约为15万桶，天然气的年产量为113.27亿立方米。[1]其生产的95%以上的石油、85%以上的天然气用于出口。亚洲开发银行最新预测显示，由于许多油田开发多年以及世界能源市场波动等各种因素影响，文莱石油和液化天然煤气出口量将逐年减少，到2035年石油和液化天然气出口量将分别只有420万吨和450万立方米。除石油和天然气储量巨大外，文莱还有金、汞、锑、铅、煤矿、石灰石和硅砂等矿产资源。

---

[1]　http:// www. eia. gov/cfapps/ipdbproject/IEDIndex3.cfm?tid=3&pid=3&aid=6。

二、植物资源

文莱最主要的植物资源为林业资源。文莱的森林资源极为丰富，据1998年文莱森林局统计，文莱的森林总面积为46.8万公顷，森林覆盖率为81.4%。其中有72.49%的森林是从未被开发过的原始林，仍然保持原始植被状态。文莱的森林类型分为原始林（总面积34万公顷，其中红树林1.8万公顷、淡水湿地林1.3万公顷、泥炭湿地林9万公顷、灌木林0.3万公顷、龙脑香混交林19.3万公顷、山地多雨林0.7万公顷、混合类型1.6万公顷）和次生林（12.8万公顷）。文莱现有5 000多种植物，其中林木有2 000多种，主要有棱柱木、指茎野牡丹、黄牛木及娑罗双等，它们可构成混交林、娑罗双纯林。灌木林主要是贝壳杉纯林、木麻黄林、低地辐射松林。文莱大部分地区属于海拔400米以下的低地，低地龙脑香林的树种很多，主要有库氏娑罗双、漏斗苜苔、龙脑香、喃喃果。[①]

文莱森林资源丰富，但林业一直都不在文莱经济中占重要地位。森林在文莱的主要作用是保护土壤、野生动植物、水源及整个生态环境。文莱十分重视森林资源的保护和合理利用，政府规定国有土地（包括次生林、采伐迹地、荒地）的开发利用要从注重社会效益和综合利用的角度出发，凡属国家开发计划范围内的开发用地都必须经有关部、局审批。从20世纪80年代开始，文莱政府通过国家林业部在原有森林法律和法规的基础上，制订了全面的国家森林政策，规定保护森林资源的原则，重视森林在环境、生态、经济和社会等方面的功能，严格限制采伐林木，并禁止出口木材，同时鼓励开展高附加值的木材加工与贸易。在政府的号召下，众多行政部门、志愿组织和私营企业共同参与了再植林开辟工程。文莱的国有森林按不同的功能类型划分为防护林、经济林、保护林、游憩林和国家公园。作为国家公园之一的 Kuala Belalong 雨林研究中心是世界上最好的开放式森林研究室，有数百家机构在此开展相关的研究工作。

目前，文莱共有24个木材加工厂，不过根据现行的森林保护政策，他们每年伐木数量必须限制在10万立方米左右。在文莱，本地的木材产量只能满足国内50%的需要，其他靠进口。随着文莱森林资源保护政策的生效，文莱原始森林保护区与森林保留区面积正不断扩大。截至2012年8月，文莱全国原始森

---

① 邵建平、杨祥章：《文莱概论》，广州：世界图书出版公司，2012年版，第8页。

保护区面积已扩大约2万公顷。据统计，文莱目前共有11个森林保护区，面积为2 277平方千米，约占国土面积的39%，其中原始森林保护区面积占森林保护区总面积的86%。文莱还有14个森林保留区，其中供商业用途的森林生产区占20万公顷，国家公园及野生动物保护区占5万公顷。[①]

三、海洋资源

文莱海岸线不是很长，但其涵盖的沿海地区是一个宝贵的生态系统，各种陆地及海洋碳氢化合沉淀物丰富。由于沿海一带海水盐度较低，温度适宜，同时由河流从陆地带来的各种营养物质也有利于海洋生物的生长，因此海边成为富有的海生动物养殖场，渔业资源丰富。此外，文莱海岸线沿岸覆盖有18 418公顷的在东南亚保存最好的红树林，有大量的虾苗和鱼苗繁殖。文莱海域没有污染，又少有台风、地震等自然灾害袭击，非常适宜开展海洋捕捞和鱼虾养殖。据文莱渔业局统计，文莱海域最大可捕捞量约21 300吨，其中沿岸资源3 800吨，底层资源12 500吨，浮游资源5 000吨。由于文莱国内的渔业年均增长率为17%，文莱的渔业发展潜力保持在每年两亿文莱元的水平。预期到2023年，文莱渔业产量可达4亿文莱元，为1 500多人提供就业机会。[②]文莱海域还是金枪鱼洄游的途经之路，有丰富的金枪鱼资源。由于入海口有冲积三角洲，文莱沿海地区也成为良好的避风港湾。

文莱大多数的岛屿都无人居住，环境未受到干扰，这些岛屿为一些濒危物种提供了栖息地。在文莱的一些岛屿上还发现了海龟巢。文莱很多岛屿上都生活着大量的长臂猿，这是一种仅在加里曼丹岛存在的濒危物种。

近年来，文莱政府积极实施经济多元化战略，以减少对石油、天然气的依赖。文莱工业与初级资源部已提出在10～15年内将非石油、天然气行业占GDP的比重从目前的43%增加到50%以上。利用海洋资源发展渔业是文莱政府推行经济多元化的主要领域之一，也是文莱最具有发展潜力的产业之一，是文莱实施经济多元化战略的重要组成部分。为此，文莱政府制定了一系列的优惠政策来鼓励开发商业渔场和海水养殖场，鼓励外资与文莱本地公司开展渔业和海水养殖业合作，

① 《文莱原始森林保护区面积不断扩大》，新华网，2012年8月3日，http://www.xinhuanet.com。
② 中国驻文莱大使馆商务部网站，http://bn.mofcom.gov.cn/article。

希望凭借得天独厚的地理位置，将文莱建成区域海产品加工中心和海产品批发及进出口中心。渔业是文莱政府促进发展的重点领域，相关投资项目和企业可以享受免出口税、销售税、个人所得税、薪工税和生产税等优惠待遇。作为主管部门，文莱渔业局不断推动海产品加工业的发展，积极鼓励包括在渔船靠岸港附近建设鱼类储存及批发中心和地区海产品进出口中心等产业发展的开发项目，还通过推展多项具体工程，促进渔业和水上生态旅游的发展。

第三节　人口与民族

一、人口

文莱是东南亚人口最少的国家。根据文莱经济计划发展局公布的统计数据，截至2009年文莱人口为40.6万人，年增长率2.1%，其中马来人口26.94万人，华人4.46万，其他族群人数9.22万。男女性人口分别为21.5万和19.1万。2012年2月1日文莱《婆罗洲公报》报道称文莱全国人口已升至42.77万，其中公民和常驻居民为30.81万。[①]文莱是一个年轻化的国家，青少年和中青年占总人口的绝大部分，65岁以上的老年人占总人口的不到4%。据2010年统计，男性平均寿命为76.5岁，女性为78.8岁，比以前有所增加。文莱人口密度小，每平方千米70多人。

据亚洲银行统计数据显示，近年来文莱人口一直以较快的速度增长，2004—2011年间的人口增长率最低为1.8%，最高为3.5%。2007年以来的人口增长率已经有所下降，但仍然超过全球人口增长速度（2011年全球人口增长率为1.1%）。同时，随着城镇化的推进，文莱城镇人口所占的比率也逐年提高，2010年已达75.7%。

巨额的石油美元，造就了文莱完善的福利体系。文莱政府对以马来人为主体的文莱国民实行高福利政策，具体包括：其一，广泛推行免税及免费措施。免收个人所得税，实行医疗保健和各级教育免费制度；其二，广泛实行津贴制，包括汽油、水电、房租、大米、砂糖和肉类的物价补贴以及麦加朝觐、丧葬的津贴等；其三，实行低息或无息贷款制，包括建造住宅，购买汽车、家用电器等贷款；其四，

---

① 中国驻文莱大使馆商务部网站，http://bn.mofcom.gov.cn/article。

实行奖学金制，鼓励高中毕业且成绩优秀的学生出国深造，政府负担学生含伙食费及往返交通费在内的所有费用；其五，分发土地给无私人住宅者，并由政府补助建造新屋，做到"居者有其屋"；其六，实行普遍就业和高工资制，工资年平均增长率为8.8%，除正常工资外，还发放补助金和占工资30%的生活津贴。结婚成家的另增加25%的补助金。

文莱的高福利政策只面向以马来人为主体的文莱国民实行，而永久居民和外国人则不享受这一待遇。为了保持其国民能长期享受高福利的待遇，文莱政府对外来移民采取严格的措施：一是严格限制加入文莱国籍。1984年获得独立后，文莱政府对国籍法和公民权进行修改，实施了更加严厉的归化政策。获得公民身份的条件由原来规定的在25年内连续在文莱居住20年，改为在30年内在文莱连续居住25年以上。除了居住时间的限制外，申请者还必须通过严苛的马来语考试。这些规定即使对世代居住在文莱的华人来说也是难以逾越的障碍。二是对不合法的外来劳工采取严厉阻止的政策，一经发现立即逮捕并遣送回国。三是对非法移民采取十分严厉的处罚措施，一旦被查出，要监禁半年并罚款2 000文莱元，而雇佣非法移民者则要被监禁两年并罚款6 000文莱元。

除本国公民和永久居民，文莱还有大量临时居住的外来劳工。文莱的外来劳工数量约为本国劳动力的一半，仅在私营领域就业的外国劳工就达9万人左右，这些劳工主要来自印度尼西亚、菲律宾和马来西亚。为加强对外来劳工的管理，从2004年起，文莱外来劳工的签证申请须由雇主提出。需要劳务输入的文莱企业将自己的经营情况、所需劳工数量、国别及申请理由等上报文莱劳工局；获得劳务输入配额后，企业在政府规定的银行开设专门账户，存入相应的劳务保证金（大致相当于回到劳务派出国的机票费用）；劳工抵达文莱后必须接受体检，不合格者（如患有肺结核、艾滋病、乙肝、癫痫、精神病）将被遣返，合格者可获得1年至2年的工作签证。

文莱公民，尤其是马来人，倾向于在政府机构任职，不愿意经商或涉足服务业。政府为促进经济多元化健康发展，避免在非行政领域过度依赖外来劳动力，鼓励本国公民投身其他行业，并积极为他们创造就业机会。近年来，文莱政府开始收紧外籍劳工准入政策，进一步鼓励企业雇用本地员工。文莱劳工局调查统计，2013年，文莱正常运营的10 612家企业共有雇员141 852人，其中92 007人为外籍劳工，比例高达64.9%。如果再加上20 371名外籍家佣，文莱当年各类外籍雇员已达112 378人。此外，2012年还有71 282个已批准的劳工配额尚未使用。为避免过多外籍劳工对本地就业市场造成冲击，进一步提高本地居民就业率，内政部决定立即收回所有已批准但尚未使用的劳工配额，如企业想重新要回配额，则必须遵守新的劳工雇佣政策。

新劳工政策于2014年6月30日起逐步实施，内容大体包括：批发零售、酒店服务、通讯技术等领域的诸多岗位，如收银员、司机、监督员、售货员、屠夫、面点师等，必须雇佣本地员工；已经使用的劳工配额和现有的经营许可在申请延期时将适度削减；企业如不提高本地员工雇佣率，将较难获得经营许可；非本地居民申请开办咖啡馆、快餐店等传统餐饮业将受限，并无法在乡村地区开办企业等。作为上述政策的配套措施，文莱政府将加大力度与企业合作，共同实施本地员工培训计划。

二、民族

文莱人口虽少，但也有20多个大小民族。从来源上看，文莱的民族可简单地分为原住民和外来民族两大类。原住民包括马来人和被统称为"达雅克人"的土著民族，外来民族主要有华人以及来自英国、印度、马来西亚、印度尼西亚等国的移民和劳工。

1. 马来人

马来族是文莱的第一大民族，约占全国人口的67%，包括王室在内的多数文莱公民均为马来人。他们在文莱的政治、经济、宗教和社会生活中占据主导地位。

文莱的马来族属于蒙古人种东南亚分支，又称巫族。文莱马来人与马来西亚的马来人为同源跨境民族。马来人讲马来语，多信奉伊斯兰教，属于逊尼派。早在13—15世纪，苏门答腊和马六甲等地的马来人便开始迁移至文莱，并在此定居、繁衍后代。进入20世纪后，随着文莱油气产业的发展，邻近的沙巴和沙捞越地区又有不少马来人迁入文莱，从事油气开采。此外，早期移居文莱的还有菲律宾比萨扬人、他加禄人，印度尼西亚的爪哇人、杜松人、卡达扬人和伊班人等，他们中有部分人与马来人通婚，并融入马来人当中。

马来人在文莱享有很高的政治、经济和社会地位。他们一般居住在沿海地区，国家和政府机构的公务人员以及金融、石油等领域的重要职位通常由他们担任，另有少部分马来人从事渔业、农业和手工业。马来人按习惯分成若干世袭等级，如苏丹、亲王、贵族、富人、自由民和仆役等，近年来等级观念有所淡化。

2. 达雅克人

文莱把所有土著居民统称为"达雅克人"，意为"内地人"或"山里人"，它包含伊班人、卡达扬人、杜逊人、穆鲁特人、马兰诺人、巴曹人、加央人和比南人等，占全国人口的6%左右。[①]达雅克人和马来人同属南岛语系的印度尼西亚语族，蒙古人种马来类型，是原始马来人的后裔。达雅克人使用达雅克语，有多种不同的方言，但没有形成文字。大多数达雅克人信奉万物有灵的原始宗教，有部分人改信基督教或伊斯兰教。他们多居住在山区，以前以游牧、渔猎为生，后多改营农业和畜牧养殖，擅长造木船、编织和金属加工。达雅克人喜欢纹身，在背、臀、膀、手背等处墨刺花纹图案，描绘心中的意念，象征勇敢吉祥。以前，聚居在农村的达雅克人多住长屋，有的长达200米，现在已经开始出现小家庭单独建房居住的倾向。

达雅克人虽然被政府承认为当地最早的居民，享有公民权，但他们在文莱社会中仍然处于底层，能在政府部门工作的并不多，在国家政治生活中缺乏发言权，生活和就业处处遭受歧视和排斥。尽管政府允许他们继续信奉其传统的宗教信仰，但对他们中的一些人改信基督教感到不快，他们只有皈依伊斯兰教并与马来人通婚，才会使自己的境遇得到改善。一旦迁居到海边或城镇中，达雅克人的特殊文化和生活习俗往往就会很快消失，在饮食、服饰、生活习惯、住宅类型、宗教信仰等方面都受到马来人的影响。因此，随着与马来人接触的增多，文莱土著民族在总人口中所占的比重越来越小。

达雅克人中的伊班人是文莱最大的原住民部族，他们主要居住在沿海沼泽地带，从事水稻和橡胶种植，或经营商贸，也有部分人进入城市在政府机构里担任低级职位。伊班人的住宅大多采用长屋形式，全村居民共住在一排长屋里，由选出的屋长管理全村事务，过着相对自由和民主的生活，没有严格的社会等级之分。

① 马宁：《周边国家丛书·文莱》，南宁：广西人民出版社，1995年2月，第7-14页。

伊班人性格剽悍，过去曾有"猎人头"的恶习和男人纹身、女人露胸的习俗，近年来这些习俗已有所改变。

卡达扬人长期居住在文莱首都斯里巴加湾市或周边地区，其语言和宗教信仰几乎与马来人相同，但传统上一直被视为与其他非马来人等同，充其量是马来人的一个"亚群"或"次马来人"。他们多数人从事农业生产，即使在政府机构任职，也只能担任一些低级职位。

杜逊人主要居住在河谷地区，从事农业生产。他们皮肤较白净，性情温和，擅长灌溉式水稻种植。

穆鲁特人性格倔强，以种植水稻为主，并会制造陶器。现在，大部分穆鲁特人信奉基督教。

马兰诺人比马来人矮胖、肩宽、肤色略浅，主要居住在滨海地区，素以制造硕莪粉出名，且是出色的渔夫和水手，也善于制造手工艺品。因长期受马来人统治，大多数马兰诺人已皈依伊斯兰教，少数人信仰基督教。

巴曹人原是苏禄群岛上一个独立的土著民族，通称"海上牧民"或"海上吉普赛"。文莱第九世苏丹于17世纪中期征服巴曹人，使其臣服文莱。他们与伊班人相似，性格剽悍，以种植水稻和打鱼为生，有本民族的语言。

加央人多居住在沼泽地带，与马兰诺人同一族源。他们种植谷类，擅长伐木打鱼，种植橡胶，编织草席和笠帽。加央人有居住长屋的习惯，通常在沿河两岸建屋，下设高浮脚，主要交通工具为独木舟。加央人性格桀骜不逊，多信仰基督教。

比南人又称"陆上达雅克人"，原为游牧民族，主要从事狩猎和采集，也有住长屋的习惯。

3. 华人

华人是文莱的第二大民族，约占全国人口的15%左右，主要来自于广东、福建、海南和广西等中国南方省区。

根据史籍记载和考古发现，华人移居文莱可上溯至7世纪的中国唐朝。其后在10世纪宋朝时，也有过大规模的移民潮。在近代，较大规模的移民潮发生在19世纪下半叶，尤其是英国殖民统治文莱之后。当时，大批移居文莱的华人多是以英国臣民的身份前往的（即以前定居在海峡殖民地或其他英属殖民地的华人）。华人有良好的经商和农垦技能，他们移居此地后，或同文莱人合股经营各种企业，或从事信贷和经纪行业，或经营各种经济作物种植，很快就在经济领域中崭露头角，替代了马来人。进入20世纪后，随着橡胶业和石油业的发展，华人人口迅速增长。20世纪40年代，文莱政府推行限制移民的政策后，直接从中国前往文莱的华人大幅度减少。新增的文莱华人主要是在当地出生的，或者是在马来西亚、新加坡出生再迁移到文莱的。

无论是过去还是现在，华人在文莱的经济发展中都扮演着重要角色。19世纪时华人多数居住在旧坡（原名甘穆巴肯），现在主要聚居在斯里巴加湾市、白拉奕、诗里亚以及都东等地，以经营商贸为主，为文莱商业和服务业的发展作出了贡献。老一辈的华人大部分经营饭店、旅馆、服装店，开设工厂或从事进出口贸易，在政府部门工作的很少。他们的后裔有不少人前往发达国家接受高等教育或专业技能培训。年轻华人学成归来后不再限于在商业领域就业，多投身于医疗卫生、教育、法律等领域，或成为石油、天然气企业的技术人员。

华人在居住、语言、信仰、婚姻等方面都自成一体。由于原籍省份众多，华人的语言较为复杂，主要有以下几种方言：客家、福州、闽南、潮州、海南、雷州、兴化和广西官话，其中操客家话者占多数。这些方言群分布在不同的地域：福建金门人聚集在首都；客家人、广府人与海南人则分布在白拉奕县。华人的宗教信仰较为复杂，信奉佛教、道教、基督教、伊斯兰教和妈祖信仰的均有。华人很少与当地原住民通婚，即使通婚，生育的孩子也须按华人习俗培养。华人的地位以财富为基础，并通过宗族体系划分等级，现如今这种观念已遭到年轻一代，特别是受过西方教育的青年人反对。

华人在文莱的社会地位很微妙。在政治上，他们的公民权受到了严格限制，表达政治诉求的机会很少；在经济领域和社会生活中，也受到马来人特权的影响。尽管如此，华人在经济领域仍保有较大的发展空间。他们不仅在商贸业发挥着主导作用，而且也是除政府部门外其他行业的主要劳动力来源，活跃在石油业、建筑业、进出口业，有的甚至进入了这些行业的高层管理人员的行列。此外，华人被允许组织社团，也可以发展华文教育和自己的宗教，维持和发展华人族群意识。

1992年中国和文莱建交后，两国关系发展良好，特别是文化、经贸往来势头良好，这有利于当地华人的生存和发展。

4. 其他民族

除华人之外，欧洲人（主要是英国人）和印度人是文莱人数较多的外来移民。自16世纪中期起，葡萄牙、西班牙、荷兰、英国等欧洲国家相继入侵文莱，接着1888年文莱沦为英国的保护国，直到1959年才取得自治权，1984年获得完全独立。在此期间，一些欧洲人被派驻到文莱，另有部分欧洲人到文莱传教、经商，尽管他们人数不多，但地位极高。除在政治上处于统治地位外，经济上也扮演着大企业家的角色。他们雇佣大批马来人、华人、印度人和其他少数民族，过着极其奢华的生活。文莱取得自治权，尤其是获得独立后，欧洲人的地位才有所削弱，有的欧洲人撤回了国内，另一些则留下继续活跃在油气、金融、航空等经济领域。

现定居文莱的印度人几乎全是英国建立纳闽殖民地后进入的，他们不是直接来自南亚次大陆，而是来自马来西亚等地。在油气资源得到开发之前，除殖民时代的锡克族警察外，印度人的数量并不多。油气资源开发后，印度人作为油田的熟练或非熟练工人陆续迁入文莱，从事油气开采。他们和欧洲人一样主要是在文莱壳牌石油公司、文莱液化天然气公司、航空公司等部门工作，充当管理人员、科技人员和熟练工人等。此外，也有一些印度人经营纺织品和宝石的买卖。

在文莱还居住着其他一些外来民族，包括巴基斯坦人、锡兰人、印度尼西亚人、菲律宾人、澳大利亚人、新西兰人、加拿大人和南非人等。这些人数量不多，占文莱全国人口的2%左右，他们多数在油田工作，部分在中心城市从事纺织等行业。由于文莱政府提供了优越的社会福利，其本国公民都不愿意从事的一些脏活、累活往往也由这些外来劳工承担。

文莱各民族在长期的历史发展中创造和延续了带有本民族特点、反映本民族历史和社会生活的文化，使文莱的民族文化丰富多彩。文莱政府出于维护和巩固王室长期统治的目的，在大力推行马来化的同时也为其他民族的发展提供了一定的自由空间，允许外来民族维系和发展本民族传统文化。

第四节 行政区划与主要城市

一、行政区划

文莱的行政区域划分不同于世界上许多国家，只设区、乡和村三级。全国划分为四个区，即文莱—穆阿拉区（Brunei Muara District）、都东区（Tutong）、白拉奕区（Belait）和淡布伦区（Temburong）。各区设区长分别负责区内的日常行政事务，由内政部办公室统筹管理。区以下设乡，乡长由政府任命，乡下面是村，村长由村民民主选举产生。

文莱—穆阿拉区地势较低平，东临文莱湾，北濒南中国海，南为马来西亚沙捞越的林梦地区，西与都东区为邻。面积为570平方千米，人口20余万。此区由文莱首都斯里巴加湾市和穆阿拉区组成。全国最大港口穆阿拉也位于这个区境内。该区是文莱人口最多的行政区，也是文莱政治、文化和商业中心。

都东区北濒南中国海，南与沙捞越州接壤，东面与文莱—穆阿拉区，西面与白拉奕地区为邻。都东区面积1166平方千米，南部边境地区地势较高，其余地方地势较低平。全区人口不足5万，且主要集中在都东镇。该区是文莱土著的聚居区，出产水稻和蔬菜，畜牧业比较发达。

白拉奕区北濒南中国海，西面和南面都与马来西亚沙捞越州接壤，东面与都东区为邻。该区面积为2724平方千米，西南部地势较高，其余地方平缓且海拔较低。白拉奕区位于文莱的最南部，主要由号称"石油城"的诗里亚镇和白拉奕镇组成。该区是文莱的经济中心，文莱的石油和天然气开采及生产都集中在此区内，尚未开采的石英矿砂也产自这个区域，该区还出产水稻、木材和胡椒等等。

淡布伦区位于文莱东部，独立于其他三个区。被马来西亚的林梦地区分隔，不能与文莱其他地区直接接壤，其北部隔文莱湾与文莱—穆阿拉区相望。该区面积为1305平方千米，山峦起伏，地势较高。这个区人口较少，部分土著民族至今仍居住在马来传统的长屋内。淡布伦区是文莱原始森林集中的地区，著名的文莱国家森林公园就在其中。这个区域主要出产木材和建筑用的沙石，也产水稻、硕莪粉和椰子等。

二、主要城市

1. 斯里巴加湾市（Bandar Seri Begawan）

斯里巴加湾市是文莱的首都，也是全国的商业、政治和文化教育中心。它位于文莱湾西南岸，距文莱河入海口14.48千米，既是山丘起伏的滨海地区，又是河岸浅滩地带。由于靠近赤道，斯里巴加湾市属典型的热带海洋性气候。白天炎热，夜晚凉爽，没有旱季。每年10月至翌年3月最为潮湿，降雨多集中在1月和12月，年均降水量3 275毫米。

斯里巴加湾市原名文莱镇，在马来语中，"斯里巴加湾"意为"受尊敬的高贵的人"。这位"高贵的人"即是第二十八世苏丹奥玛尔·阿里·赛福鼎，"斯里巴加湾"正是这位苏丹的封号。1970年10月4日，现任苏丹哈桑纳尔·博尔基亚为表彰父王的建国业绩，将文莱镇正式改名为斯里巴加湾市。

几个世纪以前，这里还只是文莱河入海处的一片沼泽地，后来马来人陆续来此定居，形成了几十个水上村落。1906年起，一部分水村人迁到陆地上定居，形成了当时的文莱镇，即现在的斯里巴加湾市的雏形。20世纪70年代后，随着文莱石油经济的飞速发展，斯里巴加湾市的面貌日新月异，一片片新楼群拔地而起，公路网不断扩展，呈现一派欣欣向荣的景象，形成一个现代化城市。

斯里巴加湾市分为旧城区和新城区两个部分。旧城区为"水村"，素有"东方威尼斯"之称。水村的房屋是用木桩固定在水中的高脚木屋。木板铺的人行道把各家木屋串联在一起，外出时乘坐木舟、舢板或汽艇，水路往来十分方便。现在，斯里巴加湾市仍有3万人居住在水上。政府为改善水上居民的生活，为他们安装了电灯、电话，开通了自来水，还建有学校、商场、诊疗所、警察署和消防站等。其中最大的工程是建于1960年耗资1 500万美元的水上清真寺，寺院方体圆顶，是一座一半在陆地、一半在海上的奇特建筑。

新城区风景优美、树木繁盛、绿草如茵、街道整洁。建筑多为二层楼房，街道两旁有现代化的医院、商行和英国式的政府办公大楼及豪华公寓。除此之外，新城区还拥有一系列著名的建筑，如努鲁尔·伊曼王宫、奥玛尔·阿里·赛福鼎清真寺、哈桑纳尔·博尔基亚清真寺、王室陈列馆、帝国酒店、国家博物馆、工艺美术中心、国会大厦、法院大楼、文莱皇家航空公司以及东南亚跑道最长的国际机场和设有3万多个座位的大型体育场等，这些都是该市的主要旅游景点。

斯里巴加湾市也是全国的交通中心，有公路通往全国各地，其中沿海的公路将它与西部城市连接。海上运输还可以通往香港、新加坡、曼谷、吉隆坡等地。最近几年，航空业也有了很大发展，当地已开辟了30条国际和地区航线，与北京、香港、曼谷、马尼拉、开罗、伦敦等20多个城市通航。

斯里巴加湾市还是全国的文化教育中心。市内著名的学校有：创建于1922年的全国最大的华语学校——中华中学，1956年成立的安德烈英文中学，建于1956年的文莱师范学校，还有文莱达鲁萨兰综合大学和文莱工艺学校等高等院校。

2007年8月1日，文莱政府宣布，斯里巴加湾市面积从12.87平方千米扩大到100.36平方千米，近来发展较快的主要商业区如GADONG、KIULAP、SERUSOP等被划入新市区。2009年9月8日，文莱内政部委任建筑规划企业霍克国际（亚太）有限公司为斯里巴加湾市设计发展蓝图，该蓝图重点涵盖环境和谐、文化内涵、旅游发展、经商便利、基础设施、完善行政管理能力等10大发展目标，目标是把该市发展成为一个富有魅力的现代化都市。据介绍，未来斯里巴加湾市设计蓝图将以伦敦、斯德哥尔摩、哥本哈根、苏黎世、悉尼等国际大城市为参考，并融入文莱独特的地域及文化特色。

2. 诗里亚（Seria）

位于文莱西南部的诗里亚原为热带丛林荒野，1923年英国人在这里发现石油，1929年他们开采出当时大英帝国所有油田中最大的一个——诗里亚油田。诗里亚市区内石油井架林立，是文莱陆上石油主要产地，其附近有卢穆特炼油厂和大型液化气天然气厂。这里开采的原油一部分直接装船出口，一部分输送至卢穆特炼油厂提炼，还有一部分经输油管道输送到马来西亚沙捞越州罗东的炼油厂提炼。该市主要大街上店铺林立，商品丰富，市场繁荣。诗里亚有轻便铁路通往巴达斯，沿海公路可通白拉奕、都东、斯里巴加湾和穆阿拉港等地，郊区有飞机场。作为石油城诗里亚的标志性建筑，10亿桶石油纪念碑是游人必定会参观的地方。

3. 白拉奕（Belait）

白拉奕既是文莱西部的重要城市和油港，也是白拉奕区的首府。它位于白拉奕河口，北临南中国海，南面、西面紧邻马来西亚的沙捞越州，面积2 727平方千米。其西面、南面地势较高,其他地区地势皆低平,有两座100余米长的码头和浮动干船坞,主要作物有水稻、胡椒、硕莪等,设有造船、木材、家具等厂。沿海公路向东通往诗里亚、都东、斯里巴加湾等地,向西经白拉奕大桥可达沙捞越的淡南港、罗东和米里等地。

4. 都东(Tutong)

都东位于都东河入海口附近,在首都斯里巴加湾市西面39千米处,是一个面河背山、向山顶发展的小城,也是都东区的首府。都东南部边境地势较高,其余地区低平,都东河由南往北穿过县境。该地主要生产水稻和蔬菜,畜牧业较发达,有锯木等小型企业。尤为值得称道的是都东的乡土特色,多样的文化和独特的文莱农村生活方式使都东成为文莱最有特色的地区。都东还有东南亚岛国特有的海滩,斯里克纳干海滩就是其中著名的海滩之一。

第五节　交通运输

文莱虽然国土面积狭小,但交通运输已相当发达,目前建构起通畅的水陆空交通网络。除诗里亚到巴达斯之间有一小段长约13千米的轻便铁路外,文莱国内其他地方都没有铁路。

一、水运

对于有着连绵海岸线的文莱,水运是非常重要的。文莱出口的石油、液化天然气以及进口的绝大多数物资都要经过水路输送。穆阿拉深水港是文莱最大的港口,此外还有斯里巴加湾港、白拉奕港、诗里亚港和卢穆特港等。文莱与新加坡、马来西亚、中国香港、泰国、菲律宾、印度尼西亚和中国台湾有定期货运航班。由于文莱河、白拉奕河和都东河均可以航运,文莱利用这三条河流进行内河航运,在货运和客运方面发挥一定的作用。

穆阿拉港是一个深水港,位于离首都不远的地方,占地24公顷,码头长611米,泊位5个,吃水深8米,可停靠万吨以上的海轮,200米长的船可以在这里靠岸。港口有专用集装箱、杂货船、特种用途泊位。此外,东北端还有一个87米长、沿边水深5.3米的浅水泊位。港区有良好的装卸设备、集装箱场地、冷冻设备和水泥密封库，既能装卸普通散装货物，也可处理集装箱货物。该港已经成为文莱商品进出口的重要海上门户，每年进出的船只达数百艘，日处理货物数千吨。文莱约90%的进出口货物都通过这里进出。

据文莱2014年3月14日《文莱时报》报道，文莱交通部将扩建现有的穆阿拉港集装箱码头，包括将码头延展150至200米，工期预计18个月。码头扩建计划被列为《文莱第十国家发展规划》的重点项目之一。穆阿拉港集装箱码头2013年吞吐量为111 817个集装箱，较过去5年增加31%。扩建工程竣工后，集装箱码头将拥有最先进的设施，为国际集装箱大型运输船提供包括货物转载、集装箱卸运、物流及船运衔接等服务。

斯里巴加湾港有93米长的商业码头、141米长的海军和政府船舶使用的泊位以及40米长的旅客码头，设有仓储设备。因文莱湾航道水深较浅，只有吃水6.5米以下的中小型船只才能进入斯里巴加湾港。这里的船舶主要来往于文莱淡布伦区、马来西亚沙捞越纳闽岛和沙巴等地的港口。

白拉奕港可停靠两条船，有744平方米的货仓、1837平方米的露天存货场。文莱壳牌石油公司在穆阿拉和白拉奕两个港区都有自己的码头和仓储设备。为了使原油能直接从诗里亚油田出口，该公司在诗里亚建立了海运泊岸。此外，文莱液化天然气公司在卢穆特建了一条一英里的防波堤，以便从那里直接装运液化天然气。

二、陆运

文莱国小地稀，但拥有东南亚地区最好的陆路交通系统，各个居民点之间都有现代化道路网连通，公路四通八达，道路状况良好。截至2008年，文莱的公路总长为3 650千米，其中柏油马路2 819千米，贯穿文莱三分之二的陆地。高速公路连接摩拉、杰鲁东、都东、诗里亚直到白拉奕，全长1 712千米。文莱公路网中的60%为国家公路，由文莱公共工程局直接管理；30%为地方公路，由地方政府管理；10%为私人公司的公路，多数由文莱壳牌石油公司出资维护和管理。著名的苏丹哈桑纳尔·博尔基亚大道长132千米，从首都斯里巴加湾市经都东、诗里亚到白拉奕，连结文莱的几个主要大城市，有6条车道，乘坐快巴就可游完文莱的主要城市。穆阿拉和都东县之间还有另一条沿海高速公路相连，全长约60千米。此外，文莱与马来西亚的沙捞越有公路相通。从斯里巴加湾市往东南通过沙捞越的林梦地区的公路可达文莱的淡布伦区。

文莱人均汽车保有量位居世界前列，是世界上拥有私车比例最高的国家之一。根据世界银行排名，文莱位居全球第9位，前8位分别为摩纳哥、美国、列支敦士登、卢森堡、马耳他、澳大利亚、冰岛和新西兰。截止2011年底，在文莱路管局注册的机动车辆为148 186辆，平均每2.65人就拥有一辆汽车。但按照《经济学人》杂志数据显示，文莱每千人拥有汽车数量为691辆，位居全球之首。文莱车贷申请便利、条件优惠使购车负担轻。此外，文莱大众交通设施不足、进口税率低、油价便宜也是车辆保有量高的主要原因。据文莱政府最新数据，文莱2011年注册车辆达1.59万辆，同比增长5%，并以每月1 600辆速度增长。

由于汽车保有量高，除首都与其他城镇有不定时公共汽车外，文莱全国几乎没有公共交通服务系统，即使在斯里巴加湾这样的大城市，道路以单或双车道居多，没有预留公共汽车空间。随着交通堵塞现象日趋严重，文莱政府在拟定斯里巴加湾城市发展蓝图时，计划建立"公共交通综合系统"，以改善巴士、机场直通车、出租车、校车服务等。其中重点建设一条连接城市商业和行政中心的轻轨铁路，共设24个站点，全长10千米，用时25分钟，每3分钟发车一趟。另外，在其中5个站点将建设乘换设施，旅客可在此换乘汽车、水上巴士、出租车或公交巴士等其他交通工具。政府希望此轻轨项目能为文莱首都居民提供准时的交通服务和避免高峰期交通阻塞。

三、空运

文莱的航空运输起步于1953年，当时仅仅是斯里巴加湾和白拉奕之间有短途航线。第二次世界大战期间，日本建造了布拉卡斯机场。20世纪70年代后文莱航空事业有了新的发展，原有的老机场已难以承担不断发展的空运业务。1974年，在首都斯里巴加湾市北郊，一座耗资1.13亿文莱元的现代化国际机场建成了。新机场拥有一条长3 650米的跑道，装有最先进的电脑飞行信息系统和导航设备，可停靠包括波音747和空中客车在内的各种型号的飞机。新机场集民用和军用为一体，既是文莱对外交往的枢纽，也是文莱皇家空军的基地。

国际机场的候机大厅宽敞明亮，设备齐全，有分别为穆斯林和非穆斯林开设的餐厅，还附设有工艺品商店和免税商店。6条登机通道直接通到机舱外，加快了乘客登机的速度。该机场每天都有班机飞往新加坡，并有航班来往于吉隆坡、雅加达、马尼拉、曼谷、胡志明市、上海、香港、台北、迪拜、法兰克福、伦敦、苏黎世等地。

文莱国际机场曾于20世纪80年代和2000年进行过改造，年接送旅客能力和货物吞吐能力均有大幅提高，但随着经济社会的发展，该机场又面临难以适应发展需要的挑战。为增加航班班次和旅客流量，文莱政府从2011年开始投资1.5亿文莱元（约合1.2亿美元）用于国际机场扩建。扩建工程包括将登机服务台从现有的19个增加到40个，移民局柜台从目前的8个增至26个。机场停车场从目前的30个无顶停车位增至560个，其中100个有遮顶端停车位。2010年，文莱国际机场共接待旅客200万人。按年增长4%计算，到2035年，机场每年接待旅客将达到600万人。文莱交通部长阿卜杜拉表示，预计到2020年，文莱将需要建设一个新的国际机场。目前，该项目已在招标中。

文莱的国际航空公司是"文莱皇家航空公司"，简称"文航"（RBA），创建于1974年，拥有多架波音飞机和空中客车，每周有130多个航班飞往东盟、澳大利亚、中东、欧洲、中国、日本等国家及地区。航空公司的飞行人员和地勤人员大多数在英国受过严格的训练，具有较高的专业素质。文莱航空也有浓郁的伊斯兰色彩，起飞前都要播放向安拉祈祷的经文，飞行过程中，机上的小电视屏幕始终标明着麦加的方向。经过20多年的发展，文航的航班已成为世界上最豪华的航班之一，连续几年夺得世界旅游奖中的"最佳一等舱"大奖。

第三章　历史发展沿革

　　无论从人口、国土面积，还是政治经济地位以及在国际社会的影响力来看，现在的文莱都仅仅是一个富有的小国。不过，历史上的文莱（也就是渤泥国）曾是一个历史悠久、国力强大的文明古国，其疆域曾扩展到整个婆罗洲，并一度占领了苏禄群岛和马尼拉，不仅成为东南亚重要的伊斯兰教传播中心之一，还是阿拉伯世界与东南亚的海上贸易集散地。17世纪中期以后，文莱的领土受到西方殖民者的蚕食，国势开始走向衰落，经济也随之式微。1888年文莱沦为英国的保护国，近一个世纪之后才获得真正的独立。

第一节　古代时期

　　根据对马来西亚沙捞越（原属文莱的领土）尼亚比（Niab）洞窟考古发掘出的头颅分析证明，早在3500多年前就有土著人生活在文莱一带。公元前，开始有马来人移居此地，其文化经历过石器、铜器、铁器时代，并存在过长时期的原始公社制度。随着生产力的发展和阶级的分化，4世纪左右在加里曼丹岛出现了摩拉拔摩王国。

　　文莱早期移民来自何方，其早期文化状况如何，由于缺乏史料，目前史学界还没有定论，在文莱目前流传着多个版本的传说，其中最具代表性的是文莱的历史出自一枚鸟蛋。传说在文莱湾林梦河边有一枚神奇的鸟蛋，它变成一世苏丹的父亲。这位转世的神仙娶了当地穆鲁部落的女子为妻。妻子怀孕后一直想吃一些稀奇古怪的食物，于是国王远走他乡，四处找寻。在外出期间，他又娶了13个妻子，先后生了13个儿子，加上原配夫人所生的长子，总共14个儿子。这14个儿子虽是同父异母所生，但相互关爱，团结一心。他们推选长兄阿旺·阿拉克·贝塔塔尔为首领，在他的领导下共谋家业。出于对长兄的爱戴，几个兄弟劫持了柔佛苏丹的公主献给首领为妻。柔佛苏丹派出人马前往要人，没想到公主却爱上了贝塔塔尔。柔佛苏丹只好顺从公主的意愿，并立其夫婿为穆罕默德一世苏丹，而他的兄弟们则分别接管文莱国的其他职位。之后，穆罕默德苏丹的弟弟艾哈默德继承了他的王位。艾哈默德的公主与阿拉伯人沙里夫·阿里结婚，沙里夫·阿里成为第三世苏丹。据说，沙里夫·阿里是真主的后代，他在文莱广泛传播伊斯兰教，建立了第一个清真寺，励精图治，建章立法，备受臣民爱戴，被称为"神圣的苏丹"。他的王国国力强盛，征服了婆罗洲海岸的大部分岛屿和部落，在整个海岛地区名声大噪，与中国、阿拉伯国家及马来半岛一些王国的贸易往来非常兴旺。由于当时文莱社会非常安宁与繁荣，三世苏丹在文莱的名字后面加上"达鲁萨兰"（意为"和平之地、安乐世界"），从此文莱全称为"文莱达鲁萨兰国"。①

　　文莱少见文字记载的文献史料，其历史研究依据多是考古发现、论证而来，除此之外，也就只能从口耳相传的神话传说中揣测一二了。但令人称奇的是，从5世纪中叶开始，中国史书就已经对文莱历史有所记载，称其为"婆黎"，其控制范围相当于现在的加里曼丹岛西北部的沙捞越、沙巴及现在的文莱本土。6世纪时的梁朝、隋朝和7世纪到9世纪的唐朝，将该国称作"婆利"。唐朝有时也将其称作"婆罗"。唐朝末年和宋朝，我国史书将"婆利国"改称为"勃泥"或"渤泥"。到15世纪以后，我国史籍《东西洋考》和《明史》等称其为"渤泥"或"浡泥"、"文莱"、"婆罗乃"，当地华人多将其写作"汶莱"。此后，我国就一直称该国为文莱。

　　7世纪中叶，在苏门答腊东南海岸兴起了一个强大的帝国——室利佛逝，该国物产丰富，农业、贸易发达，国力强盛。室利佛逝在马来群岛地区扩张国土，不仅征服了爪哇、马来半岛等地，而且征服了婆罗洲。从9世纪30年代开始，文莱成为室利佛逝的附属国。10世纪末，室利佛逝王国逐渐衰落，文莱趁此摆脱室利佛逝的控制，恢复了独立。在此后的三四百年时间内，文莱发展成为幅员广阔、人口众多、物产丰富、重视商业、贸易发达的海上强国之一，其统治范围一度囊括了加里曼丹岛的大部分，包括现在的沙巴、沙捞越、苏禄和菲律宾的一部分。13世纪末，室利佛逝末代国王格尔达尼拉的女婿威查亚建立了印度尼西亚历史上第二个强大的帝国——麻喏巴歇王朝，并向外扩张。14世纪中期，文莱被麻喏巴歇占领，沦为其附属国。

　　15世纪初，文莱国王阿旺·阿拉克·贝塔塔尔（Awang Alak Betatar）力图摆脱

① 刘新生、潘正秀：《列国志·文莱》，北京：社会科学文献出版社，2005年版，第31-32页。

麻喏巴歇的控制，曾向中国明朝上书求援。当时，东南亚地区的第一个穆斯林苏丹国——马六甲王国（史称满剌加国，位于马来半岛西南岸，今柔佛州及周边地区）开始兴起，贝塔塔尔国王为摆脱不利局面，增强自身实力，也加强了与马六甲的政治经济往来，不仅亲自访问马六甲，还于1414年与马六甲苏丹的女儿结婚，通过两国的联姻来巩固自己的统治。作为回报，马六甲苏丹授予其"文莱苏丹"的头衔。此后，文莱的国王都被称为"苏丹"。在马六甲王国的影响下，伊斯兰教自上而下传入文莱，并逐渐被皇家贵族和发展程度较高的沿海地区民众所接受，文莱成为婆罗洲第一个政教合一的穆斯林国家。在随后几任苏丹的励精图治之下，文莱发展成为该地区的重要国家，尤其是在第五世苏丹博尔基亚统治时期，文莱国力达到鼎盛。博尔基亚亲率舰队征伐临近诸国，先后征服婆罗洲本岛各土邦、苏禄群岛、菲律宾群岛南部。当时文莱的版图十分广阔，除包括现在的文莱本土及沙捞越、沙巴外，还包括三发、吉达林根、坤甸、马辰等西加里曼丹地区，而苏禄、巴拉巴克、般吉、巴兰邦岸及巴拉望的西南部等也都向文莱称臣纳贡。博尔基亚统治期间还大力发展农业、手工业，促进民族团结。引进中国水稻种植技术，使当地水稻产量提高一倍以上。在对外方面，除继续同中国、印度、阿拉伯及其他东南亚国家交往外，还开始同最早进入该地区的葡萄牙人交往。

16世纪初，随着葡萄牙人对马六甲的侵占，导致原来在马六甲的穆斯林商人纷纷远走文莱，同时也把他们的大本营迁来于此，从而不仅使文莱迅速成为伊斯兰教传播的新中心，而且也促使文莱成为当时东南亚东部群岛地区的一个新兴的穆斯林商港，并为这一地区的商人提供了一个贸易聚散地。此外，自博尔基亚于1530年去世后，继位的第六世、第七世、第八世、第九世苏丹大多能重视巩固国防、充实政府机构、发展商业贸易，国势达到顶峰。可以说，文莱在15世纪末到17世纪初这100多年的时间内兴盛一时，是东南亚最有影响的国家之一。这一时期也是文莱历史上的黄金时代。

在西方殖民者到来之前，文莱深受马六甲地区、中国、印度、印度尼西亚的多重影响，是一个多元化的社会。由于曾处于受印度文化影响很深的麻喏巴歇王国统治，因此其政治制度和社会文化等也深受印度文化的影响。从君主的加冕仪式、宫廷礼仪到官府名称都无不带有强烈的"印度化"色彩。在苏丹王国建立和伊斯兰教传入后，文莱的政治制度和社会文化又逐渐打上了伊斯兰文化的烙印，但也有自己的特点，这就是把印度教和伊斯兰教中有关等级制度的观念揉为一体，并用来治理社会。此外，由于与中国明朝在政治经济以及文化上一直保持着频繁而又密切的交往和联系，文莱也深受中国文化的影响。毋庸置疑，除了伊斯兰教的兴盛，与中国之间的贸易也是文莱繁荣的重要因素。当时的中国是东南亚商品的巨大消费国，中国货船从东南亚贩运香料、燕窝、鱼翅以及其他海产品使文莱成为这些商品的集散地和中转港，由此推动了文莱的发展。因此，在西方殖民者到来之前，文莱文化融合了印度文化、伊斯兰文化、中国文化等多种文化的特点。同时，因不同地区受不同外来因素不同程度的影响，文莱不同地区的社会发育程度也不一致。如在内陆地区，宗法制的社会结构占据统治地位；而在各大河口和沿海地区，社会已经进化到封建社会阶段，苏丹手下的贵族及官僚是封建领主，占有土地及依附于土地的隶农。当时文莱的各个主要城市既是商业中心也是手工业中心，手工业主要有纺织、金属加工、陶器制作等，其产品保留有中国、印度尼西亚群岛、印度文明影响的痕迹。

第二节　近代时期

进入17世纪后，由于文莱王室内部荒淫腐败，相互争权夺利，为争夺苏丹王位而展开持久内乱，而一些附属国因不满文莱苏丹的残暴统治，也趁机纷纷起义要求独立。与此同时，西方殖民势力开始大规模入侵文莱，他们利用各种矛盾，制造分裂，极大地削弱了文莱的国力。不容忽视的是，此时东南亚的经济结构发生了变化，由于西班牙对马尼拉、苏禄的控制使依靠贸易立国的文莱受到了限制，其势力范围不断缩小，贸易优势不断减弱。之后，荷兰殖民者更是对该地区实行贸易垄断政策，并对该地区与外部世界的海上贸易进行管控以牟取暴利，严重削弱了文莱在该地区的贸易地位。尽管文莱经过自身不断的斗争，并未成为西班牙和荷兰的附属国，但其传统贸易市场几乎丧失殆尽，经济的凋敝无疑加剧了国内的矛盾。

正当文莱处于内忧外困的境地之中，18世纪中期英国东印度公司开始派人到婆罗洲一带活动，企图实现在此建立一个商站以开展远洋贸易的梦想。由于想借英国的力量对付苏禄王国，因此，文莱最初对英国人的到来是持欢迎态度的，并承诺让英国在文莱修建贸易据点，作为条件，英国人负责保护文莱不受苏禄人的侵扰。但后来由于沙捞越的达雅克人不满亲英派头领的残酷剥削而爆发起义，这为英国插足文莱本土提供了机会。借镇压起义之机，英殖民者逼迫文莱苏丹签署协议，取得对沙捞越的永久统治权。然而，殖民者的野心并没有止步于沙捞越，他们还谋求通过干涉文莱内政完全控制文莱。1847年5月，在英国政府的授权下，詹姆士·布鲁克迫使苏丹签订了一项不平等条约《英国—文莱友好通商条约》。条约规定：文莱开放各个港口，以便于英国船只自由出入；对进入文莱的英国货物只能征收固定关税税率，每吨货物征收1文莱元；英国公民在文莱享有治外法权，其所犯的刑事案件一概交由英国驻文莱总领事审理；未经英国政府同意，文莱不得将其领土转让给第三国或第三人；除英国人外，文莱不得允许任何人移居北加里曼丹岛；文莱要配合英国共同防范和打击海盗。《英国—文莱友好通商条约》改变了文莱的国家性质，使文莱从一个主权独立的国家沦为半独立的国家，成为英国的半殖民地。尽管条约没有明文规定文莱的政治统治权受英国控制，但其"未经英国批准，文莱不得向第三国割让领土；两国合作打击海盗"等规定为英国干涉文莱的内政和外交打开了窗口。在联合打击海盗的借口下，文莱的任何反英势力都被定性为海盗。因此，通过《英国—文莱友好通商条约》的签署，英国已经把文莱作为了自己的势力范围，不容其他列强染指。19世纪末，当其他西方列强也开始谋求染指文莱时，英国便搬出《英国—文莱友好通商条约》，以此为依据将文莱变成了自己的保护地。

《英国—文莱友好通商条约》签署后，英殖民政府并不满足于条约规定的利益，企图不断扩张沙捞越的领地，扩大自己的统治面积，先后吞并了穆卡、民都鲁、巴兰、林梦等几乎文莱半数的领土，这些地方都被纳入了沙捞越的版图。为了达到扩张目的，1888年9月17日，英国与文莱签署了保护协定。协定虽然规定英国政府无权干涉文莱的内政，但其外交则由英国政府代管。该协定还正式把沙捞越和沙巴列为独立的国家，协定还规定文莱无权对第三国割让领土，沙捞越和沙巴明显就是所谓的"第三国"。1906年，两国又签订补充协定，文莱接受英国的全面保护，英国派驻一名驻扎官管理文莱的内政和外交事务，同时保留苏丹的王朝制度不变。双方还签署了一系列附加议定书，就文莱苏丹及大臣们所享受的待遇和赔偿做了详细规定。驻扎官制度的确立虽然让文莱剩余领土避免了被彻底肢解，但文莱的内政、外交权利却完全沦落到了英国人之手，文莱彻底丧失了主权，完全沦为了英国的殖民地。

沦为英国的殖民地后，文莱的政治体制也发生了重大变化。传统的等级制度被取消，英国殖民者在文莱建立起了文官制度，对文莱进行专业化的行政管理。在职位和权力方面，英国驻扎官是最高统治者和执行者，控制着文莱政治、经济、外交、军事、国防安全各个方面。驻扎官直接向英属婆罗洲高级专员负责。然而由于英属婆罗洲高级专员驻扎在新加坡，离文莱800多千米，除了紧急事务，英国在文莱的驻扎官具有绝对自由的权力处理文莱的事务。文莱苏丹和大臣则大权旁落，只能掌管与宗教有关的事务。在待遇上，他们主要靠领取薪俸过日子。尽管他们的枢密院得以保留，但事实上已经没有权力。

在经济方面，英国人首先进行了制度上的改革。在完全沦为殖民地之前，文莱苏丹财政收入的来源主要有：沙捞越布鲁克王朝和英国北婆罗洲公司租借文莱领土后支付的租金；承租官田和专营贸易的华侨所支付的钱款。苏丹的上述两种获得财政收入的权力已经在1906年的条款中自动放弃，因此英国驻扎官一上任，就着手文莱经济制度的改革。重点在建立海关制度和构建更加有效的征税制度两方面，目的是收回关税征收权，同时改革税收制度。此外，英国殖民政府还颁布了一项土地制度。规定：凡是无主的土地收归国有，苏丹和大臣们领取年金作为丧失土地所有权的补偿。只有驻扎官有权处理土地。随后，殖民政府开始招商引资，批准一些欧洲公司到文莱开发土地，兴办橡胶、鸦片种植园，少部分土地也被划拨给非马来人少数民族耕种。

上述措施取得了显著的成效，英国殖民政府的财政收入明显增加，尤其是鸦片种植园、烟草进口关税为其获益诸多。其次，相对固定的土地制度使一些原来实行流动耕作的少数民族开始定居下来，耕种专门划拨给他们的土地。后来，随着石油资源的开发，石油业也成为了英国殖民政府的支柱产业。1932年以前，文莱没有对外出口过石油，但到1935年，它已经成为英联邦国家中第三大产油国，特别是其精炼油质量最好，专供航空用油。可观的产量使石油成为文莱经济中的主导产业，其他产业在石油产业的推动下也获得了巨大发展，尤其是公共基础设施的建设得到了加强。

第二次世界大战爆发后，英国卷入战争，文莱的重要性更加凸显，因为石油是战争的战略物资。尽管在1906年的驻扎官条约中明文规定文莱的防务由英国负责，但英国把防务中心放在了新加坡和马来西亚。同时，英国还认为不能把油田留给日本，所以太平洋战争爆发后，英国就毁坏了文莱的油田和采油设备。

1941年12月16日，日本军队大约1万人开始进入白拉奕地区，在没有遇到任何抵抗的情况下花了6天时间迅速占领了文莱。日本的占领对文莱的经济和人民生活带来了巨大的灾难。一方面，日本人想把文莱作为日军战略物资供应地，因此大肆滥采能源资源，尤其是文莱的石油资源遭到了破坏性的开发。另一方面，日本人的统治使文莱人的生活变得越发艰难，各行各业遭到巨大破坏：交通瘫痪、运输断绝、粮食匮乏、医药短缺、贸易萧条。到1943年底，文莱国内粮食储备消耗殆尽，各地普遍出现饥荒现象，文莱最重要的经济命脉——石油开采几乎完全陷入停顿。

从19世纪中叶逐步沦为英国的保护地开始，除了在1942年春至1945年6月被日本军事占领，文莱的政治、经济、外交、国防受英国全方位控制长达近百年。英国在殖民统治期间，在文莱建立起了相应的政治、经济和文化制度，客观上开启和推动了文莱的现代化进程。但殖民者对文莱的自然资源进行了疯狂掠夺，给文莱的经济社会发展和人民生活造成了严重的损害，而文莱苏丹的声望和势力也遭受到严重的冲击。

第三节　现当代时期

第二次世界大战结束后，英国在文莱设立了英国军事管理局，对文莱进行军事管制。1946年6月，英国文职政府正式成立。在庆祝从日本统治之下解放一周年时，文莱苏丹向英国国王表示，将效忠于英国。同年9月6日，在驻扎官制度完全恢复之时，文莱苏丹再次承诺，他和他的国民将与新的驻扎官合作，效忠于英国。至此，英国又完全恢复了对文莱的控制。除了把文莱恢复为"保护国"外，英国还把沙捞越和沙巴变为了自己的直属殖民地。

随后，英国筹划把沙捞越、沙巴和文莱融为一体，建立一个婆罗洲联邦，巩固自己的殖民统治。1948年英国就开始为此目的铺路，设立了"联合王国驻东南亚钦差大臣"一职，取代了海峡殖民地总督一职。此时，世界范围内再次掀起了非殖民化的高潮，在邻国的示范效应下，文莱人民也要求脱离英国的殖民统治，恢复文莱的国家独立和主权完整。以苏丹为首的文莱王室也意识到，应该从英国人手中收回苏丹的权力，赢回尊严。

1950年，奥玛尔·阿里·赛福鼎三世继承王位，成为文莱第二十八世苏丹，他致力于实现文莱的自治。对于英国提出的建立婆罗洲联邦计划，苏丹明确表示反对。因为他认为加入婆罗洲联邦仍然会让文莱受制于人。为了推动文莱从英国殖民统治之下独立出来，苏丹奥玛尔·阿里·赛福鼎三世主张文莱实行内部自治和一定程度上的议会民主。1953年，奥玛尔·阿里·赛福鼎宣布要在文莱进行宪政改革，制定第一部文莱宪法。他随即建立了一个由7名文莱人组成的咨询委员会负责调查国内的民意，研究国外的宪法体制，以便为文莱宪法的起草提供依据和经验启示。同年，苏丹在各个区设立了区议事会，其成员由苏丹任命。各个区的议事会可以派员参加国务会议，反映当地的民意。除了苏丹和王室寻求文莱自治外，文莱的草根民族主义者也在为文莱的独立而努力。1956年文莱人民党宣告成立。由于人民党主张文莱脱离英国的殖民统治获得自治，并且捍卫苏丹及其继任者的王位，因此人民党获得了来自王室以及民众的热烈支持，发展迅猛。在民族民主运动压力下，英国被迫同意于1959年颁布宪法，同意废除驻扎官制度，任命一名高级专员为文莱苏丹政府充当顾问；除了外交、国防和内部治安管辖仍然由英国承担外，文莱获得了相对的自治权。

在英国的支持下，1961年，马来亚总理拉赫曼提出建立一个包括新加坡、文莱、沙捞越和沙巴在内的马来西亚联邦的建议。这一建议得到了文莱苏丹的欢迎，但却遭到了文莱人民党的反对，他们认为马来亚政府的动机是想支配文莱，使文莱殖民地化。随着双方矛盾激化，人民党发动了政变。政变被镇压下去后，文莱苏丹感到只有加入马来西亚联邦，自己国内的稳定才能得到保障。然而，在随后的几轮谈判中，针对文莱苏丹在马来西亚联邦中的地位问题、文莱的石油收入等问题，双方无法达成一致，谈判陷入僵局。文莱苏丹表示，如果没有更好的条件，文莱将无限期延长加入马来西亚联邦的时间。最终，在马来西亚联邦协定签字的日期到来时，文莱拒绝出席签字仪式，没有加入马来西亚联邦，保留作为一个主权国家的地位。而原属于文莱的沙捞越和沙巴最终加入了马来西亚联邦，与文莱彻底分离。文莱开始了建立独立自主的主权国家的历程。

1963年4月，文莱苏丹发表演说，表示为了提高行政效率，文莱将着手进行宪法改革。接着，他到英国和英国政府讨论文莱的宪法修改问题。不久后，文莱立法院的议员马塔尔沙德·马尔萨勒提出了文莱立即独立的要求。1965年，文莱苏丹政府在英国的干涉下举行了首次立法院选举，组建了内阁制的大臣会议，取代了内战时期的行政委员会。在这一时期，国际形势发生了重大变化，整个世界的民族解放和国家独立的热潮猛烈地冲击着英帝国主义，英国的殖民政策开始有所转变。与此同时，文莱国内民族主义力量也不断发展，促使文莱与英国不断出现摩擦。1967年10月4日，远非年迈的奥玛尔·阿里·赛福鼎突然宣布让位给他年仅22岁的长子哈桑纳尔·博尔基亚。在文莱的官方文件中，对这位二十八世苏丹退位的原因未作任何记载，但有资料显示他的退位与他同英国政府的政策不完全一致有密切关系。

二十九世苏丹正式加冕后，英国人把希望寄托在新苏丹身上，以为他会在更大的程度上按照英国殖民当局的意愿行事。但新苏丹即位之后，文莱上层人士仍然明显地表露出要求独立的意向，年轻的苏丹不能不考虑这种意向，况且，前任苏丹在退位后仍然是他最亲近的顾问。1968年11月，二十九世苏丹在二十八世苏丹的陪同下赴伦敦与英方举行谈判，主要是对两国的1959年协议进行审议，并就文莱的防务问题，实质上主要是英国驻扎文莱的廓尔喀部队地位问题进行了多次商谈。同年12月，苏丹再次率团赴伦敦继续与刚上台的英国工党政府举行谈判。在这次谈判中，双方达成协议，解决了廓尔喀部队继续驻留文莱的问题。

1971年11月23日，文莱苏丹哈桑纳尔·博尔基亚与英国外交及联邦事务政务次官分别代表两国政府，在斯里巴加湾签署了《文莱国苏丹和元首殿下与大不列颠及北爱尔兰联合王国女王陛下关于修订1959年协议的友好合作协议》。根据协议，文莱的对外事务继续由英国负责，而国防和安全则由双方共同负责，文莱享有完全的内部自治。尽管上述协议的签署标志着文莱在争取独立的道路上又向前迈进了一步，但它未从根本上改变文莱仍是英帝国主义保护国这一实质。文莱人民意识到只有继续坚持斗争才能取得完全的独立，而首先要考虑的就是建立自己的国防。为此，文莱大力加强皇家马来军团（文莱皇家武装部队的前身）、空军、海军以及警察部队的建设。

1972年7月6日，文莱政府与英国签订了关于在文莱英国军队地位问题的协定，规定廓尔喀营和为训练而到达文莱的英军的法律地位，同时还签订了两国间的民间航空协定。在这一时期，文莱与英国最大的争议是关于廓尔喀营的驻留问题。迫于国际和国内的强大压力和沉重的军费负担，英国急于早日将该营撤走，但文莱出于治安考虑，希望延长该营撤出的日期。1975年2月和1976年9月，文莱苏丹两次前往伦敦谈判，就条约内容达成了一致。1978年9月，双方在文莱草签了条约。1979年1月7日，苏丹和英国外交及联邦事务大臣分别代表两国政府签署了《文莱英国友好合作条约》，双方约定该条约从1983年12月31日起生效。该条约主要内容包括：文莱同意从1984年1月1日起恢复行使作为一个主权、独立国家的全部国际义务；文莱和英国继续保持友谊和合作关系；英国女王陛下政府将不再承担文莱政府在外交方面的责任，但英国政府对于文莱政府在执行对外关系时所需获得的外交和领事方面的特定请求将给予同情的考虑；鼓励双方进行学术、科学、文化方面的合作；双方保持现有的商业和贸易领域的密切联系；英国政府在文莱政府的请求下，应该继续尽力帮助文莱公共部门的人事招聘和人员训练。根据1979年《文莱英国友好合作条约》，英国对文莱外交、安全和防务的保护一直持续到1983年12月31日。

　　1983年5月，文莱官方宣布，英国将于1984年1月1日彻底放手文莱的国防和外交权力，文莱即时将完全获得独立。1984年1月1日，文莱苏丹在首都斯里巴加湾市举行的仪式上向全国宣读了独立宣言。同年1月7日文莱正式加入东南亚国家联盟，9月加入联合国，为第159个会员国。独立以后，文莱在政治、经济、文化、外交、军事等方面都发生了较大的变化，苏丹政府大力推行"马来化、伊斯兰化和君主制"政策，巩固王室统治，重点扶持马来族等土著人的经济，在进行现代化建设的同时严格维护伊斯兰教义。

　　回顾文莱的历史发展，我们看到，文莱在历史上曾深受印度文化、伊斯兰文化和中国文化的影响，西方殖民主义入侵后，文莱在政治、经济、社会、文化等方面受到宗主国的影响，带有浓厚的宗主国色彩。可以说，殖民时期，宗主国与殖民地之间的垂直联系比东南亚国家之间的水平联系更为紧密。随着外来文化的不断传入，文莱本地的传统文化与之互相融合，有选择地吸收，逐步形成了具有特色的文莱民族文化，其文学、艺术、音乐、舞蹈同样保持了传统的风格，并在吸收印度、中国及阿拉伯的文化营养后，获得新的发展。

第四章 宗教信仰

文莱的宗教与民族一样具有多元化特性。根据文莱现行宪法，伊斯兰教是文莱的国教，在国家宗教生活中占有主导性的地位，但是人民同时享有宗教信仰的自由。大多数文莱人，包括王室成员，都信仰伊斯兰教，是虔诚的穆斯林。此外，还有部分文莱国民信仰佛教、基督教、印度教、妈祖信仰或原始宗教。

第一节 宗教政策

尽管根据宪法的规定，文莱允许其他宗教的存在，但作为一个伊斯兰国家，文莱大力推行伊斯兰化，严格维护伊斯兰教义，把伊斯兰教义作为政府制定政策的依据和整个社会的行为准则，将伊斯兰精神融入到整个国家的政治、经济和社会生活中。

一、大力推行伊斯兰化

伊斯兰教作为"马来伊斯兰君主制"的三大要素之一，是文莱政府巩固国家政权的思想武器。文莱政府采取各种措施，在复兴伊斯兰教的同时力图使异教徒归化，建立起一元化的伊斯兰社会。

文莱在独立之后于1986年设立了主管宗教事务的宗教部，并专门聘请从中东学成归来的伊斯兰学者在宗教机构中担任要职。同时，文莱还积极参与国际伊斯兰组织，成立伊斯兰银行，通过各种途径融入到伊斯兰国际体系中。

文莱政府倡导以伊斯兰教信仰、忠君思想及文明礼貌为核心的生活方式。文莱当局贯彻"伊斯兰化政策"的具体措施是：（1）在文莱大学和所有中学开设"马来伊斯兰君主制"课程，要求全体学生必须修读；（2）鼓励文莱穆斯林更积极地参与商业和建筑业的工作，号召他们改变过去那种不愿经商，只想在政府和公共事业部门就业的态度，使文莱减少在商业和建筑业领域对华人及外国劳工的依赖；（3）在金融业中按照伊斯兰教教规设立"文莱伊斯兰信托基金会"，让穆斯林以伊斯兰教的方式投资，或为朝圣的旅费储蓄；（4）提高学校中伊斯兰教的教育水平；（5）在日常生活中，禁止销售和饮用酒精类饮料，严禁出版外国有穿超短裙女人图片的刊物和放映有色情镜头的影片。官方经常以十分隆重的方式庆祝穆斯林节日，并开展全国性文明礼貌活动。此外，苏丹哈桑纳尔·博尔基亚常在讲话中公开敦促文莱穆斯林增强对伊斯兰教的信仰，避免染上社会恶习，如酗酒、纵情寻乐等，并强调任何人都不得破坏这一生活方式。为了向国民表明自己对伊斯兰教的坚定信仰，他曾三次到麦加朝圣，每年斋月结束时都要到首都大清真寺发表演讲，赞颂伊斯兰教。在他的资助下，在文莱首都斯里巴加湾市近郊建成一座清真寺，其规模比前任苏丹在位时建盖的奥玛尔·阿里·赛福鼎清真寺还要大，可容纳6 000名礼拜者。①

二、打击极端宗教主义

文莱允许本国居民信仰除伊斯兰教以外的其他宗教，但是文莱政府出于维护统治的需要，并不支持其他宗教在文莱的发展和扩大。伊斯兰教是文莱的国教，是苏丹执政的思想基础，其他宗教的影响扩大势必会动摇伊斯兰传统文化在文莱的根基。为此，文莱政府不断出台各种政策来限制其他宗教的活动范围，防止他们的发展对伊斯兰教产生影响。根据2014年的文莱新刑法，凡是"用非伊斯兰宗教信仰说服、讲述、影响、煽动、鼓励一名穆斯林孩子"便构成了犯罪。此外，"让穆斯林孩子参加任何非伊斯兰的宗教仪式或活动"也同样被视为犯罪行径，这就意味着教师如果向一名穆斯林儿童传播非伊斯兰宗教信仰，可能会被判处高达5年的有期徒刑以及两万美元的巨额罚款。

文莱政府一方面采取措施进一步增强伊斯兰化，另一方面对于镇压宗教极端主义也绝不手软。早在1961年文莱就出现过巴哈依（Bahai）组织，其成员主要生活在边远地区，要求实行自治，反对君主专制。1980年马来西亚的澳尔根组织（Darul Arqam）传到文莱，产生巨大影响。澳尔根组织在马来西亚被查禁后，文莱政府也以其与伊斯兰教教义相抵触的理由，于1991年查禁澳尔根组织。1986年，文莱演说家苏拉巴亚因传播反伊斯兰教思想，被驱逐出国。1991年文莱政府取缔了一个原教旨主义组织，理由是它对国家安全构成了威胁。近年来，文莱政府对一些国际性组织在其境内发展分支机构感到不快，尤其公开指责扶轮社、雄狮俱乐部等，认

① 张学刚：《文莱民族宗教概况》，《国际资料信息》，2003年第12期，第22页。

为这些组织是反伊斯兰教及支持犹太复国主义的。政府的态度，使得原先加入这几个组织的文莱人纷纷退出。

　　总之，根据宪法规定，文莱允许各种宗教和信仰并存，不强迫他人皈依伊斯兰教，但在现实生活中，穆斯林与非穆斯林在政治地位和福利待遇上却相差甚远。非穆斯林不能担任政府公职，不能享受特殊福利待遇，如政府发放的朝觐津贴等。文莱政府通过正面宣扬伊斯兰教传统和文化，奠定了伊斯兰教在国家政治、经济和社会生活中的重要地位；还通过限制其他宗教的发展和打击极端宗教主义，为伊斯兰教的进一步发展提供了宽松的环境。而伊斯兰教在文莱的传播及其国教的地位又为文莱政权和社会的稳定提供了有力的支撑。伊斯兰教和文莱的整个社会已经完全融合在一起。①

第二节　伊斯兰教

一、伊斯兰教在文莱的传播和发展

　　关于伊斯兰教传入文莱的时间，学界说法不一。有人称文莱的伊斯兰传统最早可以追溯到公元7世纪伊斯兰教初创之时，有的主张10世纪左右伊斯兰教就已经传入文莱，可惜这些观点都缺乏史料证明。历史上伊斯兰教传至文莱的最早时间，应该是在伊斯兰教东传进入东南亚海岛地区的时期，即不会早于13世纪左右。当时，伴随着穆斯林海上商人和穆斯林移民的活动，在包括今天的印度尼西亚、马来西亚、文莱、菲律宾南部等在内的一些地区开始出现了一些伊斯兰教的教士和穆斯林信徒。

　　伊斯兰教得到文莱官方的正式接受是在15世纪。15世纪以前，文莱先后处于近邻强国室利佛逝和麻喏巴歇的支配和控制之下。阿旺·阿拉克·贝塔塔尔国王即位后，开始寻求新的盟友以摆脱麻喏巴歇的控制。1414年贝塔塔尔国王与马六甲苏丹的女儿结婚，通过联姻来巩固自己的统治。作为回报，马六甲苏丹赐予贝塔塔尔国王"文莱苏丹"头衔，并尊称其为苏丹穆罕默德·沙（Muhammad Shah），即一世苏丹。在马六甲王国的影响下，贝塔塔尔国王把伊斯兰教引入文莱，并积极传播伊斯兰教，把伊斯兰教作为巩固政权、发展社会和经济的精神源泉。

---

① 邵建平、杨祥章：《文莱概论》，广州：世界图书出版公司，2012年版，第30页。

　　15世纪下半叶，在第五世苏丹博尔基亚统治时期（1473—1521），文莱苏丹国的繁荣达到了顶峰，国力空前强盛。1511年，作为当时东南亚地区贸易中心和伊斯兰教传播中心的马六甲被葡萄牙人攻陷，原先聚集在马六甲的穆斯林商人和传教士纷纷逃往周围各国，从而形成了多个新的伊斯兰教活动中心，其中就包括文莱。穆斯林商人和传教士的到来不仅加强了文莱传播伊斯兰教的力量，还使文莱成为阿拉伯世界与东南亚的海上贸易集散中心。这大大繁荣了文莱的经济，从而导致其政治、军事力量极大上升。正是在这一时期，文莱的疆域面积扩展到今天的整个加里曼丹岛和菲律宾的大部分岛屿，伊斯兰教也开始在这些地区传播开来。

　　16世纪后期，当时的西班牙不仅已经在菲律宾吕宋岛附近站稳了脚跟，把马尼拉作为都城，还取得了同马鲁古、中国进行贸易的垄断权。当时的文莱是依靠贸易生存的，西班牙对贸易的垄断侵害了文莱的利益，因此文莱认为西班牙是自己传统势力范围的入侵者和挑战者；而西班牙也认为文莱是其在该地区扩张的障碍。文莱在行动上与西班牙进行了对抗，特别是在宗教方面。一方面，文莱在吕宋、宿务等地鼓动并组织起义，反对西班牙的控制；另一方面，文莱加强了在这些地区传播伊斯兰教。而当时西班牙驻文莱的新总督和军事指挥官弗兰西斯·德·桑德也直接率领军队抵达文莱，要求文莱苏丹允许西班牙传教士在文莱传播基督教；允许国民自由地转变宗教信仰；文莱停止在菲律宾和婆罗洲传播伊斯兰教等。弗兰西斯·德·桑德在攻破文莱后，采取烧毁清真寺等方式对伊斯兰教进行重创。西班牙对伊斯兰教的破坏行动更引起了文莱人对基督教的敌对态度。弗兰西斯·德·桑德结束任期后，西班牙同文莱的关系有所改善，但是文莱依然没有停止在菲律宾南部传播伊斯兰教。文莱与受西班牙殖民统治的马尼拉当局的关系尽管处于冷漠状态，但没有发生敌对事件，直至1685年，在相互承认主权的基础上，文莱和马尼拉的关系才趋于正常化。

　　在与西班牙抗争的过程中，文莱迎来了短暂的复兴，在第九世苏丹哈桑的统治下，文莱的国力得到了提高，伊斯兰教的传播也更为深入。文莱在此时设立了宗教政府机构，而伊斯兰教被认为在指引文莱走向繁荣中发挥了重要作用，伊斯兰教法也被确立为国家的基本法。但是此后不久，文莱陷入内忧外患，并在19世纪末逐渐沦为英国的殖民地，这段时期英国殖民者没有像西班牙那样打压伊斯兰教，而是给予了文莱当地官员管理宗教事务的权力。直到1959年文莱宣布获得自治权，正式将伊斯兰教定为国教，并将伊斯兰教与政权紧密联系在一起。

1984年获得独立之后，文莱进一步将伊斯兰精神与忠君思想紧密结合，确立了伊斯兰教在文莱的主导性地位。文莱宪法规定，在进行现代化建设的同时必须保持伊斯兰教原则。文莱设有由伊斯兰教高级学者组成的宗教理事会，协助苏丹领导宗教。政府高级官员多为穆斯林。同时，文莱政府设有宗教基金，用于修建清真寺、宗教学校和印刷出版伊斯兰教经文。更为重要的是，为推动伊斯兰教的发展，文莱政府非常重视伊斯兰教育，国家的教育方针、教育思想和教育体制深受伊斯兰教影响，从课程设置到学校规章制度都体现浓厚的伊斯兰教色彩，主要表现在以下几方面：

首先，在各级教育中设置"马来伊斯兰君主制"课程。1991年，文莱政府把"马来伊斯兰君主制"列入学校教育内容，目的是使每位公民都明白"马来伊斯兰君主制的国家"的意义。同年，文莱大学里的学生均被要求学习"马来伊斯兰君主制"的课程。从1992年开始，这项课程成为中学的必修课。

其次，全民普及《古兰经》，学校将其列为必修课程。2005年初，文莱教育部公布最新基础教育规划，把全国穆斯林人人学习《古兰经》列为基本目标。为实现这个目标，教育部规定所有学校的教学规划必须保证学生学习和背诵《古兰经》的课程和活动，使学习《古兰经》成为教学核心。为此，教育部指定大学院系和专家研究普及和编制《古兰经》课程、社区活动规划和训练辅导教师，并且国家实行统一管理和定期进度检查。教育部《古兰经》教学处领导了一个全国性的学习《古兰经》运动，不分年龄和资历，人人都参与。各个社区开办《古兰经》学习班，设有《古兰经》学习日。政府专门拨款作为《古兰经》学习运动的活动经费，帮助各地健全新课程制度，也协助各地文化中心促进《古兰经》学习班的发展。教育局《古兰经》教育科还举办《古兰经》比赛大会，比赛的选手都是大学生。

再次，进行教育改革，把宗教教育与普通教育合并，实行男女分校。1989年4月，文莱教育部长阿齐兹宣布将依据伊斯兰教法逐渐取消男女同校，实行男女分校。2001年文莱政府制定一项新的政策，对教育制度进行重大改革。文莱原来的教育分属两个系列，一部分属于宗教事务部管辖，一部分属于教育部管辖。新的政策是把原来属于宗教事务部管辖的宗教学校全部都改由教育部管辖，这就把原来的双轨制改为单轨制。苏丹相信，把宗教教育和普通教育合并的新政策实施后，文莱可以培养出德才兼备、同时具有宗教精神的人才。[1]

---

[1] 范若兰：《伊斯兰教与东南亚现代化进程》，北京：中国社会科学出版社，2009年，第415-416页。

二、伊斯兰教的基本教义

伊斯兰是阿拉伯语音译，在马来语中称作"Islam"。7世纪初，伊斯兰教兴起于阿拉伯半岛，由麦加的古莱什部族人穆罕默德创立，原意为"顺从"、"和平"，指顺从和信仰创造宇宙的独一无二的主宰安拉及其意志，以求得两世的和平与安宁。信奉伊斯兰教的人统称为"穆斯林"（来源于阿拉伯语，马来语称作"Muslim"，意为"顺从者"）。伊斯兰教主要分为逊尼和什叶两大派系①，也有其他一些小派系（如哈瓦里吉派，伊斯玛仪派），文莱的穆斯林属于逊尼派穆斯林，奉行沙斐仪教法学派②。伊斯兰教的信仰主要包括理论和实践两个部分。理论部分包括六大信仰；实践部分包括伊斯兰教徒必须遵行的善功和五项宗教功课（简称"五功"）。

（一）六大信仰（Rukun Iman）

1. 信安拉。伊斯兰教是严格的一神教，要相信除安拉之外别无神灵，安拉是宇宙间至高无上的主宰。穆斯林在祈祷时，时常会默念"万物非主，唯有安拉"。信安拉是伊斯兰教信仰的核心，体现了其一神信仰的特点。

2. 信经典。伊斯兰教认为《古兰经》是安拉启示的一部天经，教徒必须信仰和遵奉，不得诋毁和篡改。只有阿拉伯语《古兰经》才是所有穆斯林认可的天经，因为《古兰经》是用阿拉伯语颁降的。其他语言版本的《古兰经》只能被看作是对经典的解释，而不是经书。所以全世界的穆斯林在颂唱《古兰经》时用的都是阿拉伯语。

3. 信天使。天使是安拉用"光"创造的无形妙体，受安拉的差遣管理天国和地狱，并向人间传达安拉的旨意，记录人间的功过。《古兰经》中有四大天使：哲布勒伊来、米卡伊来、阿兹拉伊来、伊斯拉非来，分别负责传达安拉命令及降示经典、掌管世俗时事、司死亡和吹末日审判的号角。

---

① 逊尼派被认为是主流派别，又被称为正统派，分布在大多数伊斯兰国家。两派的区别主要在于对于穆圣继承人的合法性的承认上。按什叶派的观点，只有穆圣的女婿兼堂弟阿里及其直系后裔（即穆罕默德·哈希姆家族）才是合法的继承人，而逊尼派则认为哈里发只是信徒的领袖，穆圣的宗教领导人的身份的继承者，无论是谁，只要信仰虔诚，都可以担任哈里发（即安拉使者的继承人）。也就承认艾布·伯克尔、欧麦尔、奥斯曼前3任哈里发的合法性。

② 与哈乃斐、马立克、罕百里学派并称为逊尼派四大教法学派。由9世纪巴勒斯坦人、马立克的弟子沙斐仪教长所创。该派在创制教法律例时，吸取哈乃斐学派和马立克学派的长处，兼重训律例和类比推理，强调将安拉启示与人的理性活动有机地结合在一起，更明确、系统地阐释了《古兰经》、圣训、公议、类比四大法源理论体系，缓和了圣训派与意见派的法理之争，增强了教法的实践性和效力。该派提出的以圣训为仅次于《古兰经》的第二法源的主张，极大地增强了圣训律例的地位和功能，亦使人的理性活动受到严格的限制。

4. 信使者。《古兰经》中提到了许多位使者，其中有阿丹、努哈、易卜拉欣、穆萨、尔撒等。使者中最后一位是穆罕默德，他也是最伟大的先知，是最尊贵的使者，也是安拉"封印"的使者，负有传达"安拉之道"的重大使命。

5. 信末日审判和死后复活。伊斯兰教认为在世界末日到来之际，世界将会毁灭，安拉将就此对所有的人进行"末日审判"。届时，所有死人复活接受安拉的审判，以现世的行径为依据，罪恶的人将下地狱，而善良的人将升天堂。

6. 信前定。以上五大信仰是《古兰经》明文直接提出的，把前定列入六大信仰是因为前定在《圣训》中是有依据的。穆斯林大众和正统派对前定的主张处于宿命论和自由论中间，认为世间的一切都是由安拉预先安排好的，任何人都不能变更，唯有对真主的顺从和忍耐才符合真主的意愿，才能在来世得到幸福。

（二）五功（Lima Rukun Islam）

1. 念功。即念清真言："万物非主，唯有真主，穆罕默德是安拉的使者"。这是信仰的表白，以此来表达自己的宗教信仰以及对信仰的坚持。穆斯林在每天的祈祷中都要念清真言，而非穆斯林想要信奉伊斯兰教，就必须当众说清真言，表达信仰决心。

2. 拜功。穆斯林每日五次祈祷：晨礼，在拂晓时举行；晌礼，在中午1～3时举行；晡礼，在下午4时到日落时分进行；昏礼，在日落之后、太阳的白光逝去之前举行；宵礼在入夜、拂晓之前举行。每周一次的聚礼拜（即主麻拜），进行集体祷告。进行拜功是穆斯林无限接近安拉的途径，是穆斯林表达虔诚、感恩和敬仰的最好方式之一。

3. 斋功。即在伊斯兰教历的九月（Ramadan），从清晨拂晓之时到日落黄昏期间，成年的穆斯林戒饮食和房事一个月。斋功是所有穆斯林的一项主要功课，也是穆斯林必须履行的一项宗教义务。

4. 课功。也称天课，是伊斯兰对占有一定财力的穆斯林规定的一种功课，即穆斯林在自身财产达到一定数额时要缴纳的宗教税。伊斯兰认为，财富是真主所赐，富裕者有义务从自己所拥有的财富中，拿出一定份额，用于济贫和慈善事业。

5. 朝功。即指穆斯林在规定的时间内，前往麦加进行的一系列功课活动的总称。伊斯兰教历的每年12月为法定的朝觐日期。凡身体健康，有足够财力的穆斯林在路途平安的情况下，一生中到圣地麦加朝觐一次是必尽的义务。文莱王室每年都会资助部分穆斯林到麦加进行朝觐。

三、伊斯兰教对文莱社会的影响

作为文莱国教的伊斯兰教在文莱的社会生活中占有绝对的主导地位，不仅影响文莱人的精神生活，对文莱的政治、经济和社会发展也产生了重大影响。

1. 伊斯兰教在国家政治中占据核心位置

文莱国旗中央的国徽其中心图案是一轮上弯的新月，表明文莱是一个伊斯兰国家。从新月中心向上绘有一根棕榈树茎，树茎上端伸展的双翼的上方是一顶华盖和一面三角形旗帜，象征文莱信奉伊斯兰教和苏丹的权力至高无上。在新月中央用阿拉伯语写着"永远在真主指导下，万事如意"。中心图案两侧有两只手臂，表示人民向真主祈求和人民对苏丹和政府的拥护。文莱的国歌名为《真主保佑苏丹》。在作为国家象征的国旗、国歌中突出伊斯兰教的特征，彰显了伊斯兰教在国家政治中的核心地位。

1959年的文莱宪法将伊斯兰教定为文莱的国教，并规定在进行现代化建设的同时必须保持伊斯兰教原则。1984年1月1日，文莱苏丹哈吉·哈桑纳尔·博尔基亚在宣布文莱脱离英国获得完全独立时就把"马来伊斯兰君主制"作为文莱的立国哲学，宣布文莱"永远是一个主权、民主和独立的马来伊斯兰君主国"。马来伊斯兰君主制成为了文莱的基本政治制度，是文莱的立国之本和治国基础，含义为：文莱是一个紧密团结在伊斯兰教与苏丹周围，并以苏丹作为国家元首的马来人占多数的国家。马来、伊斯兰教与君主制是文莱政治制度的三根支柱，其中根据伊斯兰教教义规定，作为文莱国教的伊斯兰教是确保文莱独特、完美的社会生活方式的基本准则。

文莱政府一直以来大力宣扬伊斯兰教，极力维护和提高伊斯兰教地位，将伊斯兰教教义作为政府制定政策的原则和规范社会行为的准绳。文莱苏丹将国家伊斯兰化视为维护君主政体的主要理论基础，大力宣扬"伊斯兰君主政治思想"，从伊斯兰教义中寻找君权神授的依据，苏丹本身则被解释成为伊斯兰教的捍卫者。"伊斯兰君主政治思想"将忠君思想和伊斯兰精神结合起来达到维护和神化苏丹统治权的目的。文莱政府把"伊斯兰君主政治思想"当作检验文莱人民是否忠君效国的主要标准，苏丹的"伊斯兰君主政治思想"不容质疑，任何人都不得反对政府的伊斯兰化政策，如同不能怀疑苏丹对伊斯兰教的虔诚一样。①

2. 伊斯兰教促进文莱政治稳定发展

伊斯兰教对文莱的政治稳定发展具有重要的作用。首先，伊斯兰教增强了文莱的社会凝聚力。伊斯兰教作为文莱的国教，它被文莱政府视为整个社会行动与发展的指南，文莱政府也一直极力维护伊斯兰教至高无上的地位，使整个文莱成为一个凝聚力极强的穆斯林社会。早在1989年2月，苏丹在一次讲话中就强调："国家的成就归功于那种遵循伊斯兰教教义的，以文莱的价值观念为基础的传统制度"。在文莱社会中，苏丹起着不容置疑的决定性作用，伊斯兰教在他的推动下深入人心。伊斯兰教节日是文莱人的重要庆典，这既是出于对文莱传统的伊斯兰教教义的尊重，也是由于伊斯兰的纪念活动已经成为增进公众凝聚力与促进团结的重要聚会。在每年斋戒之前，文莱苏丹会提醒富有的穆斯林对贫穷者进行捐赠，以履行社会责任。其次，伊斯兰教有助于教化文莱公众遵循和平与顺服的原则。在文莱这样一个极具伊斯兰特色的国家，清真寺既是宗教场所，又是社会教育的平台，发挥着积极的维护政治安定与社会治理的功效。再次，文莱伊斯兰教有助于文莱社会反腐倡廉，倡导社会公益。在文莱，各地清真寺伊玛目（Imam）宣讲的重要主题之一就是"反腐倡廉、社会公义"。对于政府官员的贪污受贿等腐败行为，伊玛目不但实施监督，还可以大力批评，以宣传伊斯兰"倡导廉洁"的形式声讨政府官员的腐败行为，号召全体民众对文莱的政府官员加强监督。文莱的伊玛目们深刻地指出，贿赂等非法敛财现象是根植于人性中的丑恶面，人生来就具有，穆斯林必须常去清真寺接受教育和感化，以克服这种丑恶。根据文莱的伊斯兰教义，穆斯林接受任何形式的贿赂都是与教义相悖的，一旦穆斯林有这样的恶行，真主将在较长时间内拒绝接受他的礼拜与祈祷。②

3. 在司法领域凸显伊斯兰地位

文莱实行双轨司法制度，第一种司法制度是以英国习惯法为基础建立起来的，俗称习惯法司法制度。另外一套则是以伊斯兰教为基础建立起来的司法制度，

---

① 庄国土:《"马来化、伊斯兰化和君主制度"下文莱华人的社会地位》,《东南亚研究》, 2003年第5期, 第66页。

② 柳思思:《伊斯兰教的"和平"与"中道"理念——伊斯兰教对于文莱政治社会发展的作用》,《东南亚研究》, 2013年第2期, 第51页。

其基础为伊斯兰教法（Syariah），主要处理违反伊斯兰教教义的案件。自1996年起，文莱苏丹哈吉·哈桑纳尔·博尔基亚就致力于在文莱推行伊斯兰教法的实施，一直以来，这一套司法制度基本上只是应用在民事事务上，如个人和家庭问题。但是最近几年来，文莱开始加紧伊斯兰教法在社会各个领域的实行。2013年10月，哈桑纳尔·博尔基亚在一份正式文件中，批准了在未来6个月内，循序渐进地在该国实施新的伊斯兰刑法，哈桑纳尔·博尔基亚说："通过严格按照相关规定而实施这一法案，我们履行了对真主应当履行的义务。"从2014年5月1日开始，文莱正式在全国分阶段实施伊斯兰刑法，文莱也因此而成为首个全面实施伊斯兰法的东亚国家。

这部伊斯兰刑法将通过伊斯兰法院严格审理的形式实施。在第一阶段，将通过伊斯兰法院审理，针对未婚先孕、故意不履行周五主麻聚礼、不尊重斋月禁忌、男女幽会、在公共场所男扮女装、唆使有妇之夫或有夫之妇离婚或不履行对配偶或子女应尽的义务、拐带和诱骗穆斯林女子逃离父母或监护人等犯罪行径加以惩处。另外，通过巫术传播伊斯兰教之外的其他宗教、唆使穆斯林叛教、唆使和诱骗无宗教信仰者信仰其他宗教也将受到刑法的惩处。在实施第一阶段的伊斯兰刑法一年之后，将开始实施第二阶段的伊斯兰刑法，包括对盗窃者执行割手，对饮酒者执行鞭刑。在第二阶段结束后的第三年，将开始实施第三阶段的伊斯兰刑法。在该阶段的伊斯兰刑法的实施将针对奸淫、通奸、鸡奸以及同性恋等刑事犯罪实施石刑，并对亵渎《古兰经》和先知穆罕默德的行为执行相应的惩处。

文莱官员说，推行这部法典目的之一是维护伊斯兰教在文莱的统治地位、阻吓犯罪、抵御外部世界的不良影响。针对西方国家认为伊斯兰刑法是残酷的和不人道的种种指责，文莱政府称，它已作好了应对的准备。与此同时，文莱政府还明确表示，从某程度来说该刑法通过死刑所产生的阻吓作用，将可维护更多人的生命安全。文莱大祭司阿卜杜勒·阿齐兹除对刑法的实施表示肯定和乐观外，还认为它将促进文莱旅游业的繁荣。

此外，文莱政府把以伊斯兰原则为基础的发展观作为经济政策的基石，力求在经济发展的全过程中保持其传统的价值观、习俗和君主制度。文莱将伊斯兰教文化引入经济发展领域，倡导诚信经营。政府开设了伊斯兰银行和伊斯兰信托基金，加入了伊斯兰发展银行组织。目前，文莱伊斯兰银行在全球伊斯兰500强机构中处于第69位。近年来，以金融业为龙头的第三产业发展迅速，使文莱获得了"东盟银行家"的声誉，有望成为东南亚继新加坡之后的第二个金融中心。不仅于此，文莱独具特色的伊斯兰风情也成了政府大力发展旅游业的卖点。而在社会生活中，伊斯兰原则为文莱人提供了指导。他们以伊斯兰教义为行为准则，不饮酒，不食用猪肉，待人接物温文尔雅；每天按时做5次祷告，并在周五到清真寺做礼拜；成年穆斯林在斋月期间进行斋戒，有条件的定赴麦加朝觐，等等。伊斯兰教贯穿了文莱整个政治、经济和社会生活，已然成为文莱社会正常运作和向前发展必不可缺的精神支撑。

第三节　其他宗教信仰

生活在文莱的外来民族基本信仰伊斯兰教以外的宗教。文莱的华人多信奉佛教、道教或信仰妈祖；欧洲移民多信奉基督教；印度移民主要信奉印度教。此外，文莱的部分达雅克人仍信奉原始拜物教，有的则改信了基督教。信仰其他宗教的文莱人在日常生活中也会遵循本宗教的戒律，与其他的各宗教信仰者相处融洽。

一、佛教

佛教文化在文莱的出现和传播可以追溯到公元前后。从加里曼丹岛的考古发现中，可以得知早期加里曼丹受印度文化影响，加里曼丹出土过5世纪末的梵文碑文及一些不同时期的佛像，另外也发现了11世纪时爪哇式的佛像与印度教的神像。这是由于当时随着贸易的兴起，来自南印度的商旅随着西南季风南下至东南亚群岛，其中佛教徒和随之而来的僧众成为将佛教文化带到马来群岛的先驱。

根据中国史书中的记载，7世纪后，室利佛逝迅速成为东南亚的海上强国，文莱也成为室利佛逝的附属国，这个时期室利佛逝王朝所信奉的大乘佛教随之得到了迅速的发展。14世纪，信奉印度教的麻喏巴歇王朝取代室利佛逝王朝并迅速发展成为东南亚群岛的霸主，而此时文莱由于遭到苏禄的进攻，国力衰微，逐步沦为麻喏巴歇的附属国，佛教也开始失信于民众。

14—15世纪，马六甲王朝崛起，伊斯兰教随着马六甲王国势力的扩散占据了整个马来半岛，而当时的文莱国王阿旺·阿拉克·贝塔塔尔与马六甲王国联姻，并被马六甲王国苏丹授予"文莱苏丹"的头衔。在马六甲王朝的影响下，伊斯兰教开始在文莱迅速发展和扩大，佛教也就此逐步退出了本土民众的宗教信仰领域。

在15—16世纪，由于贸易通商的吸引，陆续有中国人到文莱经商垦殖。19世纪下半叶，越来越多的中国人远渡重洋，到文莱谋生。1929年，文莱发现了富饶的油田，油气的开采导致更多的华人移民蜂拥而至。这个时期，来到文莱的中国人多为社会底层的民众，谋求生存是其远渡重洋的主要目的。陌生的环境、生活的艰辛以及对未来的迷茫心态，使得其在家乡或许并不是十分虔诚的信仰变得重要起来，于是这些华人也将自己的宗教信仰带到了此地。随着他们在当地站稳脚跟，佛教信仰成为凝聚华人的纽带。

当前在文莱信奉佛教的人口比例在15%左右，其中绝大多数都是华人。华人的佛教信仰成为华人文化的重要组成部分。文莱华人所信奉的佛教教派为大乘佛教。大乘教徒认为想要成就佛果，不但要有自度的决心，更要有度人的决心。

在首都斯里巴加湾市区内有一座约有100年历史的佛教庙宇腾云殿，是文莱境内香火最盛的佛教徒膜拜场所。腾云殿，原名腾云寺，初建于20世纪初期。当时，笃信佛教的金门列屿同乡移民文莱定居，每逢农历八月十五福德正神与八月二十二日广泽尊王千秋圣诞，便搭起临时戏台，粉墨登场公演"高甲戏"以表庆贺之热忱。1913年左右，金门列屿的先贤们集议，决定建一座寺庙，一为方便善男信女膜拜，二为联系高甲戏之场所。文莱前任拿督天猛公石文熟先生，奉献地皮一块，曾受记先生负责建筑工程。1918年6月23日，腾云寺落成并举行奠安大典，建筑总造价为8 075文莱元。第二次世界大战之后，文莱政府决定征用腾云寺地段，在腾云殿主事甲必丹林德普先生与多位热心佛教老前辈的号召下，决定重建庙宇。1960年12月27日，一座崭新的、巍峨堂皇的庙宇顺利完工并举行奠安大典。因为规模比以前大，因此该腾云寺改称为腾云殿。自落成奠安至今，腾云殿经多次维修，雕塑神明，粉饰金身，50余年间，始终保持庙宇的堂皇华丽。

图4-1　文莱腾云殿

图片来源http://file12.mafengwo.net/M00/22/71/wKgBpU5xxkS72HvfAAH13WgdGt472.
groupinfo.w600l.jpeg。

文莱的佛教文化具有多元性的特征。由于信仰佛教的主体为华人，因此在文莱的佛教文化中还融合有其他的华人传统信仰，比如道教、孔教、妈祖信仰等。而所有这些信仰的融合就成为了华人在伊斯兰教为主体的文莱传承自身文化的重要载体。

二、基督教

随着西欧封建制度的解体和资本主义关系的萌芽，商品经济的迅速发展刺激了城市商人和贵族对物质财富的贪欲与追求。富庶的东方世界成了他们追求财富的理想之地。从15世纪起，西欧国家开始找寻通往东方的航线。在葡萄牙王室的支持下，塞洛缪·迪亚士、瓦斯科·达·咖马、阿丰梭·德·亚伯奎先后到达了东方，开拓了欧洲至印度洋地区的海上航线，为葡萄牙殖民东方国家奠定了基础。在印度洋地区建立起据点后，葡萄牙开始把目光转向了东南亚。接着，西班牙、荷兰、英国都先后到达了东南亚地区，在该地区进行了长达数百年的殖民统治。文莱也不例外，先后遭到葡萄牙、西班牙、英国的殖民入侵，并最终沦为英国的殖民地。

与葡萄牙、西班牙殖民者一起到来的还有基督教传教士，他们试图在文莱传播基督教，但遭到了文莱的强烈反抗。这一时期虽然殖民者将传教作为入侵的主要目的之一，但是由于文莱对伊斯兰教的强力维护，基督教实际上并没有传播开来。英国在殖民文莱时期，其主要关注点在于对领土的争夺控制和经济利益的掠夺上，在宗教信仰方面并未采取强制措施，加上文莱苏丹在与英国殖民者谈判时对伊斯兰教的竭力保护，基督教的传播在广度和深度上都十分有限。

当前文莱信奉基督教的人口约占总人口的10%，而且主要是欧洲移民，也有部分的达雅克人从原始拜物教改信了基督教。基督教在文莱的传播受到了文莱政府严格的限制。政府颁布法令禁止传播基督教，禁止学校传授与基督教相关的课程，禁止基督教徒与穆斯林通婚。如果成立基督教组织而没有及时向文莱政府报告备案，该组织的成员将面临监禁。因此，在文莱，基督教信徒的数量始终维持在一定的范围内。

天主教当前在文莱设宗座代牧区。1997年自天主教米里教区①分出成立监牧区，2004年成为代牧区，现任宗座代牧为科内柳斯·辛总主教。天主教文莱宗座代牧区下设三个堂区，分别位于斯里巴加湾市、白拉奕和诗里亚，各有一名神父。

三、民间信仰

（一）原始宗教

原始宗教是在生产力极端低下的情况下，自然、人类自我以及人类与自然之间的关系在人们意识中的反应和总结，其基本特点表现为对自然万物、祖先等对象和对死亡、繁衍等现象的祈求和敬拜，并在此基础上发展为对超自然之力量的想象、信仰和崇拜。

文莱的达雅克人还有一部分依然信奉原始的万物有灵论，崇拜祖先的灵魂，经常举行各种仪式凭吊祖先以求保佑。他们认为月亮是自己的祖先，每当月食之时，父母便为女儿虔诚地祭拜月亮，祈望自己的女儿在祖先的保佑下找到如意郎君。更多的人则用竹竿或木棍敲打树干或庄稼，企盼月亮给他们带来大丰收。虽然随着社会经济的发展，由于各种宗教文化对达雅克人产生影响，也有达雅克人改奉基督教，但是原始宗教信仰仍然是他们的信仰文化中最为朴素的底色。

（二）华人的民间信仰

1. 道教

道教，又称黄老道或玄门等，是中国土生土长的固有宗教。道教是中华国人

---

① 天主教米里教区位于马来西亚沙捞越东部，1959年成为代牧区，1976年升为教区，受古晋总教区管辖。

文化催生的，乃是中国人的根蒂，并深深扎根于中华传统文化的沃土之中。道教以"道"明教，认为天地万物皆由"道"而生，即所谓"道生一，一生二，二生三，三生万物"，社会、人生都应循道而行。道教以"道"为最高信仰，以神仙信仰为核心内容，以丹道法术为修炼途径，以得道成仙与道合真为终极目标，追求自然和谐、国家太平、社会安定、家庭和睦，相信修道积德者能够幸福快乐长生久视，充分反映了中国人的精神生活、宗教意识和信仰心理，是中华民族的精神家园。和谐、超然的心态和生活方式是道士的最高追求目标。

道教于19世纪末20世纪初随着大批华人南下谋生传到文莱，文莱的道教在信教行为方面有所变化，往往跟佛教有所融合，更具实用性。道教主要在华人中流行，但道士的比例相对比较低。总体来说，道教在文莱的影响不大。

2. 儒教

儒教，又称孔教，源于儒学，以中国的孔子为先师，以十三经为宗教经典，以古代官僚机构为宗教组织，以孔庙为宗教场所，以祭天、祭祖为宗教仪式，倡导修齐治平、忠恕、仁爱、孝悌、和谐、诚信。在文莱，信奉儒教的主要是华人。儒教为中华文化的核心和基础，主张入世，这使得儒教成为远离家乡的华人在异地安身立命的指导原则和精神寄托。在文莱，孔子已经被神化了，儒学也被引申为教义。建立华人学校是在华人中间传播儒教的主要手段。尽管信奉儒教的信众主要集中在华人群体，但以儒学为核心的中华文化在文莱也得到了良好的保存和传承。

3. 妈祖信仰

妈祖，又称天妃、天后、天后圣母、娘妈，是历代船工、海员、旅客、商人和渔民共同信奉的神祇。古代在海上航行经常受到风浪的袭击而船沉人亡，船员的安全成航海者的主要问题，他们把希望寄托于神灵的保佑。在船舶启航前要先祭妈祖，祈求保佑顺风和安全，在船舶上还立妈祖神位供奉。妈祖作为一个古代民间的神祇，身上聚集了中华民族的传统美德和崇高的精神境界。妈祖作为一个民间的渔家女，善良正直、见义勇为、扶贫济困、解救危难、造福民众，深受百姓的崇敬。

妈祖信仰源自中国福建省莆田市湄洲岛，闽南的福建人都信拜妈祖。文莱华人大部分都是福建华裔，因此妈祖信仰主要是在文莱福建裔华人中比较盛行。

第五章　文学艺术

第一节　语言文字

文莱的官方语言是马来语（Bahasa Melayu），所以在官方事务中，一般都使用马来语，在重要的活动、庆典，特别是一些宗教活动中也使用马来语。同时，英语也在文莱广泛使用，特别是在商业领域。相对而言，文莱受到高等教育的人口比例较高，因此都能够较为熟练的使用英语。英语也是除马来语外，学校教授的主要科目之一。文莱的多数华人相互之间讲闽南话，还有少部分华人讲广东话，他们对外交往都会讲马来语或英语。汉语在文莱只是民族语言，主要是通过华侨来传播。

一、马来语简介

马来语属于马来—波利尼西亚语系（又称南岛语系）印度尼西亚语族①。马来语中有6个单元音、3个双元音及26个辅音，其词汇没有性、数、格等的变化。从构词的角度分析，马来语具有黏着型语言的特点，词缀是改变基词词性以及表达语法意义的重要方式，也是其构词的主要方法之一。而从句法的角度来看，马来语同时也具有分析型语言的特点，功能词和词汇在句子中的顺序是表达句法关系的主要方式。马来语语句的基本结构为，主语—谓语—宾语，并遵循定语后置的规则。

马来语的历史可以追溯到公元前1500年，南移至马来半岛的续至马来人用于彼此交流的语言便是原始马来语的雏形。至7世纪时，一种含有大量梵语词的古代马来语已在南苏门答腊地区发展开来。由于它是当时马来群岛多种民族语言中比较通俗易懂的语言，因此，在历史上，它不仅成为该地区各族人民交往的通

---

① 1706年荷兰人H.莱兰特发现了南岛诸语言的亲属关系。1836年德国人W.洪堡特使用马来—波利尼西亚语这个术语来命名这个语系的语言。19世纪末，德国人W.施密特把它们命名为南岛语。一般按地域分成印度尼西亚、波利尼西亚、美拉尼西亚、密克罗尼西亚4个语族。马来语就属于其中的印度尼西亚语族。需要说明的是，语言上的地域划分与现有国家的行政区划并不等同，印度尼西亚语族并不仅仅指现今印尼这个国家所使用的语言。

用语，也是当地广泛使用的商业语言。

15至16世纪初，马来群岛上正处于马六甲王朝的兴盛时期，马来语获得了很大的提高和发展。它不仅被广泛运用于商业领域，而且也是当时宗教和学术界的通用语。16世纪西方殖民者的到来，使马来语受到了压制。直到第二次世界大战后，马来群岛上的国家纷纷独立，马来语先后在印度尼西亚、马来西亚及文莱被确定为国语，并成为新加坡的官方语言之一。由此，马来语被赋予政治意义。根据印尼1928年的青年誓言（Sumpah Pemuda），被规范后的、在印尼通行的马来语被称作印尼语（Bahasa Indonesia）。1967年马来西亚政府的《国家语言法案》将马来语（Bahasa Melayu）改为马来西亚语（Bahasa Malaysia）。而文莱依然称为马来语（Bahasa Melayu）。

马来语最初使用源于印度的跋罗婆（Pallawa）文字，当时用梵文拼写。13、14世纪，随着伊斯兰教和阿拉伯文化的传入，马来语也随之改用阿拉伯字母拼写。这种用阿拉伯字母拼写的马来语被称为爪威文（Bahasa Jawi）。严格来说，爪威文是阿拉伯字母的变体。从19世纪末开始，随着英国、荷兰殖民者的到来，拉丁字母拼写的马来语在整个马来群岛地区被推行。

二、外来语对马来语的影响

我们从上述马来语的发展历程中可以看到，马来语在其自身的发展过程中历经了很大的变化，并因此在其语言体系中吸收了许多外来因素。在梵语、阿拉伯语以及部分西方和东方语言的影响下，马来语能动地吸取了其精华要素以不断完善自我，最终发展成为一种系统化的和成熟的现代语言。

（一）梵语对马来语的影响

梵语是古马来语时期促进马来语向前发展最重要的外部因素。19世纪末期至20世纪初在东南亚地区出土的4块碑铭是梵语影响马来语最有力的佐证。这四块碑铭刻于683—686年之间，从碑铭上所记录的语言来看，不论是从词汇、书写方式还是音韵学等方面都能清楚地看到梵语对古马来语深刻影响的痕迹。需要指出的是，诸多古马来语中的梵语因素被继承了下来，如词汇及构词方式等。

1.引入梵语借词充实了古马来语的词汇系统

古马来语中存在大量的梵语借词，梵语主要是从"词汇的角度"影响了古马来语的发展。对界定古马来语具有决定性作用的四块碑铭上所刻写的文字中便有很多词语借自梵语，这就是最好的证明。在语言长期的发展历史中，很多梵语借词已经逐渐成了马来语基本词汇中的一部分而不被划分到外来借词一类。马来语中的梵语借词不仅数量大，在内容方面也涉及社会生活的各个领域，包括有关宗教、商业、政治以及动植物等方面。

2. 引入梵语词缀丰富了古马来语的构词手段

古马来语的基本词汇不是很多，但相对贫乏的词汇并没有影响其完成交际的任务，反而在7—13世纪曾成为整个马来群岛的通用语，古马来语也曾成为室利佛逝王国的统治用语，这在很大程度上应归功于古马来语丰富的构词手段。在基词上增加各种词缀是马来语中构造新词的重要方式，而大量梵语词缀进入古马来语系统无疑对此功不可没。在古马来语中有相当数量的梵语词缀，大部分是前缀和后缀。尽管有些梵语词缀随着语言的发展而脱落，但仍然有很多梵语词缀被沿用至今。梵语对古马来语的影响深刻而久远，包括词缀在内的很多梵语因素都已经成为现代马来语中的有机成分，由梵语词缀构成新词，因其易于被人们理解和接受遂成为现代马来语中构造新词的重要方式。

3. 借用梵语书写方式使古马来语形成了自己的文字系统

早在公元前1500年前，远古马来语便成为马来群岛地区人们重要的交际工具。但直到公元前后的几个世纪，远古马来语似乎只是一种口头交际语，而没有与其相应的文字系统。7—13世纪的古马来语时期，以南印度的跋罗婆字母刻写的并夹杂着很多梵语借词的马来文出现了，这是马来语在其发展和完善历程中的一个重要转折点。从某一方面说，有文字的马来文的出现得益于印度梵语对马来语的影响。当时的印度文化多是从印度南部传入东南亚海岛，而流入这一地区的宗教文化典籍大多采用南印度跋罗婆字母书写的梵语，这是导致古马来语最先用跋罗婆字母书写的重要原因。

4. 梵语语法对古马来语影响较小

梵语作为一种发展相对完善的语言，从词汇、构词方式以及书写方式上深刻而全面地影响了古马来语的发展轨迹，但梵语语法对古马来语语法的影响相对来说较小。梵语的语法相当复杂，不仅屈折变法繁复，动词还有时态和语态的区别。而古马来语的语法则较为简单。

（二）阿拉伯语对马来语的影响

在古典马来语时期，阿拉伯语主要从词汇书写方式等方面影响了马来语的发展。13世纪末期，大批波斯人和阿拉伯商人纷纷来到苏门答腊及马来半岛地区，阿拉伯语开始对马来语发挥影响。15世纪，随着马六甲王国的崛起，伊斯兰教被规定为官方宗教，大量阿拉伯语词汇被引入马来语。在阿拉伯语影响古典马来语的初期阶段，被引入马来语的阿拉伯语词汇大部分与宗教相关。随着伊斯兰教在马来群岛的全面覆盖，宗教对人们的影响延伸至各个方面，甚至成为人们的主要生活方式。马来语也开始主动吸收阿拉伯语中各个领域的词汇。

爪威文字母书写系统在马来语中的使用正是由于阿拉伯语的影响，这种系统以改良的阿拉伯字母进行书写，在当时备受推崇，且一度成为经典马来文学及宫廷文学的主要载体。直到今天，依然有很多伊斯兰教经典教义文集以爪威文书写。

此外，阿拉伯语在语音上也对马来语产生了一定的影响。古马来语中，辅音重叠的情况较少，但在阿拉伯语的影响下，辅音重叠出现的频率开始增大。此外，基于宗教情感表达的需要，马来语中的送气音"h"被强化。

（三）以英语为代表的西方语言对马来语的影响

1511年，马六甲沦陷，马来群岛地区先后遭受葡萄牙、西班牙、荷兰、英国等西方国家的殖民，宗主国的语言或多或少都影响了马来语的发展。相比之下，英语对马来语的影响最为深远。

东西方文化的交流以及近现代科学技术的发展，使得马来语在面对一些崭新的社会现象时频频出现盲区，马来语急于引入新的词汇以充实和完善自我，大量的英语借词出现在马来语当中。马来语中的英语借词大多数涉及经济、政治以及科技等领域，且数量呈现出不断增长的态势。

19世纪末，在英国殖民者的统治下，许多西方学者纷纷研究并最终制定了一套罗马字母拼写系统。1904年，以罗马字母拼写的马来语被大力推广，因其更容易书写和辨认，遂逐渐取代爪威文成为现代马来语的书写系统。大量的现代英语词汇被借入马来语中，以及罗马字母书写系统的成型和推广，为现代马来语的成熟发展做好了准备。

（四）以闽南话和广东话为代表的华语对马来语的影响

18世纪末期至20世纪初期，大批中国人南下东南亚谋生，为了表达方便的需要，他们常常将母语混杂在马来语当中与当地人交流。久而久之，马来语吸收了大量的华语词汇。而这些人大多来自福建、广东等沿海地带，因此，华语当中又以闽南话和广东话对马来语的影响最深。目前，马来语中大概有数百个华语借词，范围覆盖食品、日常用品、民俗、地点名称、信仰文化等领域。[①]

第二节　文学

一、马来文学

文莱的马来文学是从什么时候开始的，至今还没有人能够给出确切的时间，因为研究资料匮乏，并且还没有人对其进行过细致的研究。此外，文莱是马来语国家，因此更多时候文莱文学被归入到大的马来文学中，比如马来西亚和印度尼西亚的马来文学。

但事实上，文莱也有自己的马来文学发展史。比如说文莱的马来短篇小说在20世纪30年代就已经出现了，到50年代受到了更多的关注。1951年，尤拉·哈利姆（Yura Halim）首次发表的名为《宰相成为苏丹》（Pengeran Bendahara Menjadi Sultan）的长篇小说，标志着文莱长篇小说创作的开始。文莱现代诗歌的创作始于20世纪30年代，当时在新加坡和马来亚求学的很多文莱人都进行诗歌创作，并为之后20世纪50年代和60年代的马来西亚现代马来文学作出了很有意义的贡献。

严格来说，文莱的马来文学创作比上述所提及的时间都要更早。在马来作家阿卜杜拉创作《阿卜杜拉传》（Hikayat Abdullah）之后不久，1840年在文莱的本基兰·沙哈班达尔·穆罕默德·沙勒赫（Pengiran Syahbandar Mohd. Salleh）创作了一首题为《拉基斯》（Syair Rakis）的著名叙事诗。虽然这首沙依尔诗是为被流放的第二十四世文莱苏丹阿卜杜尔·莫厄明（1852—1885）专门创作，因此没有进行印刷传播，但是在这首沙依尔诗的内容中以忠告、指示、教条等形式表达了对英国殖民统治的批判，因此出现了很多手抄本并分发给文莱的大臣们作为阅读材料。在当时这首沙依尔诗是一个特殊的作品，尽管其说教因素十分明显，但这并不减弱

---

① 龚晓辉、蒋丽勇、刘勇、葛红亮：《马来西亚概论》，广州：世界图书出版公司，2012年版，第131-137页。

它的文学价值。如果把这首沙依尔诗的创作时间作为文莱新文学创作的开始，则这个时间与马来西亚的现代文学创作开始的时间并不相上下。而在这之后这两个国家都经历了一段较长时间的文学创作休眠期，在将近一个世纪的时间里都没有什么其他的文学作品面世。

在《拉基斯》中，作者以沙依尔的形式记录了政治、经济、社会和教育等方面的事件，其内容引人入胜。虽然这个作品并不长，但无论从内容还是从哲学的角度来看，这个作品都具有很高的价值。作者在文中对变革的意见或赞或否，态度鲜明，这表明文莱的文学创作始于一名颖悟绝伦之人。

文莱在国外接受教育的新一代群体在研究过这首沙依尔之后，都认为这是一部很重要的作品，它记录下英国统治的历史，唤醒人们一种关于国家的意识。但由于这首作品中揭露出很多现实问题，导致其作者最后经历了很不人道的悲惨遭遇。

在这首沙依尔诗之后的近90年时间里，文莱都没再出现什么新的文学作品。直至20世纪30年代，文莱人的创作热情被重新燃起。当时有不少文莱人在马来亚苏丹伊德里斯师训学院（Sultan Idris Training College）求学，学院的部分老师通过授课或在报纸上发表文章的方式激发学生的爱国热情，向学生灌输民族觉醒的意识。很多学生也开始自己创作作品，因为他们发现他们只能以这种方式来抒发心中的情感。虽然没有直接证据表明文莱的诗歌创作始于20世纪30年代，但当时苏丹伊德里斯师训学院有不少文莱学生，不可否认他们中必然也有人加入了这个队伍，借杂志或报纸抒发情怀。

（一）诗歌创作

无论在哪个国家，对于年轻作家来说，最受青睐的文学体裁应该就是诗歌，对于文莱的作家来说同样如此。大多数作家都是从撰写诗歌开始他们的文学生涯，之后再尝试其他文学体裁的创作，如散文、短篇小说或长篇小说等。

文莱口头文学中有很多班顿（pantun）和斯洛卡（seloka），而文莱人对诗歌的喜爱也许也是源于对这种具有悠久历史的马来传统的继承。在马六甲遭葡萄牙攻陷以后，文莱取代了马六甲成为东南亚最大的商业港口。侨民和商人为文莱带来了两行谚诗古林达姆（gurindam）和沙依尔（syair）体裁的诗歌，这些诗歌也受到文莱人民的欢迎和喜爱。文莱以其丰富的口头文学作品而闻名，其中包括原始歌谣。几乎所有的原始歌谣都配有舞蹈和班顿，直到今天在文莱的一些乡村，当举行某些活动时我们还能听到这样的歌谣。

班顿是一种结构相对特殊的韵律诗，多由4行组成，但也有的由2行、6行甚至8行组成，每行含有8～12个音节，可每行同压一个尾韵，也可隔行同压一个尾韵。班顿可俗可雅，能表现各种题材的内容，如男女之情、长者对晚辈的谆谆教诲、孩童之间的淘气和戏谑等，因此班顿也成为马来社会喜闻乐见的文学表现形式。沙依尔起源于阿拉伯国家，是一种韵律严谨的诗歌形式，每首枝梢由4行组成，每行含有8～12个音节，每行内容彼此关联，尾韵相同。古林达姆起源于印度的梵语诗歌，一般由两行构成，每行没有字数和韵律的限制，但内容则一般为"前因后果"，即第一句为因，第二句为果，创作的目的多为警世和教育他人。斯洛卡是在泰米尔文学的影响下形成的一种马来诗歌形式，格律要求与古林达姆大致相同，目的是训诫他人。不同的是，斯洛卡的语言更加轻松幽默，以挪揄和反讽的方式劝诫他人。

样式各异的诗歌在文莱民间广泛传播。除了巫师在做法术的时候会诵读一些有节奏的词句，渔民们在海上捕鱼时也咏唱专门的歌谣以愉悦心情缓解疲劳，妇女们在为某个仪式聚集在一起时也会唱一些歌谣进行娱乐，在哄小孩睡觉的时候也是如此。这些习惯或多或少都对现代社会产生了影响，间接地对文莱的年轻作家也带来一些影响，他们开始用笔记录下他们细腻的情感。所以当我们听到在文莱这个小国里，其诗人在全国人口中所占的比重超过马来西亚或印度尼西亚时，我们也并不感到惊讶。

根据目前的研究表明，在文莱古马来文学作品中，有几十本沙依尔诗，其中较为出名的有《阿旺·瑟玛温》(Syair Awang Semaun)，共37卷，和《当·班旦·拉郎安》(Dang Pandan Larangan)，共30卷。有些沙依尔只有2到3卷。此外还有与伊斯兰教同期传入的沙依尔诗。所有这些沙依尔诗都是以爪威文的马来语书写。

虽然没有科学的研究表明文莱新的诗歌创作历史始于20世纪30年代，但从已有的相关证据可以看出这个说法也是有根据的。不可否认当时在霹雳州苏丹伊德里斯师训学院学习的文莱学子也受到了民族觉醒潮流的影响。如尤拉·哈利姆和沙勒赫(H.M. Salleh)就是其中的代表。

1934年4月15日，在槟榔屿曾创办"马来亚文友协会"(简称PASPAM)，旨在通过语言和文学提升马来族文化水平与社会经济政治地位。由于该文友协会具有很大的影响力，当时在马来亚的很多报纸都为协会的会员开辟发表文章的版块，他们可以创作各种体裁的文章。然而很不幸的是，由于没有得到很好的保存，现在已经很难找到这些作品，即便有些作品在被私人保存后，也因在第二次世界大战中遭到了破坏而消失在世人的眼中。

日本占领期间，文莱作家可以说是完全停止了创作活动。文莱与外界的联系渠道被隔断，新加坡曾经是文莱与外界联系的跳板，而在当时文莱与新加坡的联系也变得异常困难，因为已没有船只在两地往返。在日本统治新加坡的后期，马来亚和苏门答腊被统一管理，在新加坡还有供马来亚和苏门答腊作家发表作品的报纸和杂志出版。当时很多苏门答腊的作家为继续他们的创作生涯，纷纷迁往新加坡，其中有扎依纳尔·阿比丁·阿哈玛德（Zainal Abidin Ahmad）、阿卜杜拉·加米尔（Abdullah Kamil）和阿梅尔兹（Amelz）等，他们为《亚洲的黎明》（Fajar Asia）和《亚洲精神》（Semangat Asia）杂志提供作品。哈伦·穆罕默德·阿明（Harun Mohd. Amin）由于在第二次世界大战前就到了文莱，因此在这期间无法从事写作，仅仅是对一些资料进行记录，那些资料也成为他返回新加坡后的创作素材。

日本战败后，英国又卷土重来。但文莱人可以再被送往苏丹伊德里斯师训学院学习，也有部分文莱人前往新加坡或马来亚的宗教学院求学。直到20世纪50年代，在他们的作品可以被新加坡或马来亚的报纸刊登出来后，他们的创作热情被重新激发。当时新加坡已成为马来文学发展的中心，印尼"45年派"（Angkatan 45）的作家对在新加坡的年轻作家产生很大的影响，凯里尔·安瓦尔（Chairil Anwar）的诗《我》（Aku）传遍了大街小巷。

20世纪50年代，在新加坡成立了一个名为"五十年代作家行列"（亦称"五十年代派"，简称ASAS 50）的作家协会，这也可以说是在新加坡的年轻作家创作的鼎盛时期。历史表明，"五十年代派"对现代马来文学的发展方向发挥着重要作用。在讨论新时期文学的主要功能以及文学创作的核心目的时，当时"五十年代派"的作家中产生了两种创作理念的论战，即"艺术为社会"和"艺术为艺术"。文莱的作家也间接参与其中，在马来亚现代马来文学的出现和发展过程中发挥了不可忽视的作用。他们中有部分人成为"五十年代派"的忠实会员。当时较为出名的文莱作家有亚哈亚（Yahya M.S.）、巴达鲁丁（Badarudin H.O.）、萨尔米·梅西拉（Salmi Mesra）、阿迪·鲁米（Adi Rumi）和阿迪·格拉纳（Adi Kelana）。其中有个别作家在返回文莱前还前往巴生的回教学院学习。这些作家在马来亚时，都积极地进行文学创作。在一些文学论坛和研讨会上都可以看到他们的身影，尤以巴达鲁丁、亚哈亚和阿迪·鲁米的创作备受关注。

20世纪50年代，文莱国内的诗歌创作活动也相当活跃。在新加坡和马来亚求学的文莱学子们以知名作家的身份返回文莱后，对文莱国内新出现的年轻作家来说是很大的触动。这些年轻作家们也纷纷给自己加上笔名，且他们都希望自己的笔名看起来与留学归来的知名作家的名字相类似。当时文莱壳牌公司为自己的员工出版杂志，恰好为大众开辟了发表文学作品的场所。他们不再需要将自己的作品邮送新加坡或马来亚的杂志发表。这样新老作家竞相在该杂志上发表诗歌等作品，促使他们不得不在作品的质量上费尽心思，很多高质量的诗歌接连出现，直接地促进了文莱文学的发展。

不管怎样，作为一个时代的记录，文莱都应该为其所拥有的一些诗歌集感到骄傲，这些诗歌集有的是个人的作品，有的是作家作品的汇集。其中包括尤拉·哈利姆个人的诗歌集《一棵树三根竹笛》（Sekayu Tiga Bangsi），这也是最早出版的文学作品集。接着出版的是亚哈亚的诗集《震惊时代的颜色》（Warna Menggugat Zaman）。1981年，在文莱语文图书出版局（Dewan Bahasa dan Pustaka Brunei）成立20周年时，其出版了诗集《协定》（Pakatan），其中囊括了26位诗人创作的共105首诗，之后还出版了诗集《今天明天》（Hari Ini Hari Esok），该诗集由马来西亚著名诗人达尔玛维贾亚（Dharmawijaya）写序，诗集中汇集了9名诗人所写的55首诗。语文图书出版局还出版了诗集《未来之歌》（Lagu Hari Depan），其中有10名诗人创作的57首诗。除了语文图书出版局外，文莱伊斯兰事务局（Jabatan Hal Ehwal Agama Islam Brunei）里的很多著名诗人如苏克里·扎伊恩（Shukri Zain）、阿迪·鲁米、亚哈亚等，他们也用自己的作品为文莱文学的宝库增添重彩。此外，还有两本带有宗教色彩的诗集不得不提，分别是《启示诗》（Puisi Hidayat）和《启示诗Ⅱ》。1982年，文莱语文图书出版局发起一场诗歌集创作比赛，受到了文莱诗歌创作者的欢迎，共收到了32本诗集作品参赛。令人惊讶的是，这些诗集中却很少有以宗教为题材的作品。众所周知文莱是一个伊斯兰教国家，伊斯兰教已渗透到文莱百姓生活中的方方面面，而这些作品中却少有涉及宗教，即便有个别与宗教有关联的作品也写的很一般，没有很大价值。最后评委会决定此次比赛不设第一名，宗教学者哈吉·穆罕默德（Pg. Haji Muhammad bin Pg. Haji Abdul Rahman）以其作品《祖国》（Tanahair）获得了第二名。

在文莱诗歌发展史中，最引人瞩目的是出现了一位王室诗人，他就是文莱第二十八世苏丹奥玛尔·阿里·赛福鼎（1950—1967在位）。苏丹奥玛尔·阿里·赛福鼎在位期间曾写过许多沙依尔作品，其中包括《诗夜花絮集》（Rampaian Laila Syair）、《忠告诗选》（Syair Nasihat）、《文莱地方法之歌》（Syair Perlembagaan Negeri Brunei）、《幽默的拉姜》（Syair Rajang Jenaka）等等，有用罗马字母书写的，也有用爪威文书写的。虽然苏丹奥玛尔·阿里·赛福鼎的作品看似是用简单的语言进行创作，其中大部分内容是以忠告或幽默的形式呈现，但如果进行更深入的研究，则会发现其隐藏着的用意，他的作品富有政治见解，饱含人生哲理，具有较高的文学价值。此外，苏丹奥玛尔·阿里·赛福鼎的前任苏丹，即其哥哥苏丹阿哈迈德·丹祖汀也曾进行文学创作，其作品《生活的秘密》（Rahsia Hidup）中包含着对其子民的各种善意忠告。

（二）短篇小说

关于文莱短篇小说的创作，如前所述，与诗歌的创作一样，大约也开始于20世纪30年代。根据穆罕默德·阿卜杜尔·拉蒂夫（Muhammad Abdul Latif）在其所著的《文莱马来文学史》中的观点，文莱的短篇小说创作始于1932—1942年之间。和诗歌的创作一样，短篇小说的创作也是开始于在苏丹伊德里斯师训学院学习的文莱学子们。其中包括沙勒赫、穆斯巴（Musba）、塔明·玛里（Tamin Mali）、古鲁·穆达（Guru Muda）、尤拉·哈利姆（笔名：瑟古纳尔·哈雅特，Sekunar Hayat）以及努恩·爱恩·拉姆（Nun Ain Lam）等。这些作家的大部分作品都通过新加坡或马来半岛的杂志或报纸进行发表。其中部分短篇小说的作者也进行诗歌或长篇小说的创作，如尤拉·哈利姆。由于尤拉·哈利姆是文莱王室中的成员，因此在撰写一些有争议的事件时他常换用另一个笔名"国之芽"（Tunas Negara）。这些作家后来也在新加坡出版的《娱乐》（Hiburan）、《珍珠》（Mutiara）、《故事》（Kisah）以及《约会》（Kencana）等刊物上发表短篇小说，这些刊物的出版都由哈伦·阿米努尔拉西德（Harun Aminurrashid）所统一领导，而哈伦·阿米努尔拉西德在若干年后还担任了文莱的教育部长。

20世纪40年代，文莱的短篇小说创作得到进一步的发展，时至今日短篇小说依然是很受作家青睐的文学创作体裁，同样也很受读者的欢迎。值得一提的是，很多短篇小说的作者也擅长写诗歌，如短篇小说家朋·阿尔加夫（Bung Alkaf）从1951年就开始写诗歌。朋·阿尔加夫虽然出生于吉隆坡，但1958年以后就一直居住在文莱。鉴于文莱作家创作出了数量众多的短篇小说，文莱语文图书出版局即开始出版短篇小说集，如《生活如长河》（Hidup Ibarat Sungai），这本短篇小说集在1971年还曾获得由语文图书出版局发起的短篇小说比赛的第一名。

在文莱的著名短篇小说家中，在其国内外都有很高知名度的要数慕斯利姆·布尔马特（Muslim Burmat）。其短篇小说集《逃亡》（Pelarian）由文莱语文图书出版局出版，并多次再版。在这本短篇小说集中有5篇曾经在吉隆坡的《社会园地》（Dewan Masyarakat）杂志和《语言园地》（Dewan Bahasa）杂志中登载过。这些短篇小说写于慕斯利姆在伦敦求学期间。曾任文莱语文图书出版局负责人的马哈姆德·哈吉·巴吉尔（Mahmud Haji Bakyr）评价说"从写作质量来看慕斯利姆是成功的，甚至比我们几个邻国的大部分作家更为出色，他还是一位多产的作家"。时至今日，慕斯利姆作为文莱最出色的短篇小说家的地位仍然无人能撼。20世纪80年代初期，文莱短篇小说家的创作热情相比60、70年代来说稍有回落。也许是因为缺乏发表文章的平台，此外他们也不大敢于再像之前那样将他们的作品寄送国外发表。他们能够利用的平台只有文莱广播（Radio Brunei），而文莱广播的效果不及报纸，再者文莱广播为短篇小说提供的空间也很有限。因此在80年代初时文莱短篇小说家好似进入了"冬眠期"，他们期待着这个萧条的季节早日过去。

1982年，文莱语文图书出版局为重新激发短篇小说家的创作热情，举办了一场短篇小说创作比赛，以庆祝文莱即将迎来国家的独立。比赛受到短篇小说创作者的热烈欢迎，众多作品纷至沓来。评委会成员表示，阅读那些短篇小说就仿佛站在一扇敞开的窗前，看到人们尤其是文莱人民的生活百态。参赛者们以各种主题、形式和风格展示着他们的作品。然而遗憾的是，众多参赛者中能够真正驾驭好自己作品的人并不多，以至于没有一个作品能给他们留下非常深刻的印象。此外评委会还惊讶地发现，将近30%的参赛者在他们的作品中都以"死亡"的结果来解决问题，作品中的角色死亡的方式几乎都是车祸、自杀、难产或是心脏病等等。

虽然这次创作比赛颇受欢迎，但遗憾的是没有发现多少高质量的作品。可见当时文莱新出现的短篇小说创作者与之前的老作家们比起来还有一定差距。但不管怎样，通过这次比赛，短篇小说家的创作热情被重新激发，为此后文莱短篇小说的发展也产生了一定的积极影响。

（三）长篇小说

长篇小说的创作并没有引起文莱作家们太多的关注。不过有两名作家开启了文莱长篇小说创作的先河，这两名作家在文莱文学界里也颇有名气，他们分别是尤拉·哈利姆和沙勒赫。尤拉·哈利姆创作的长篇小说名为《宰相成为苏丹》，出版时间为1951年；沙勒赫创作的长篇小说名为《民族领导人的未婚妻》(Tunangan Pemimpin Bangsa)。由于某些特定的原因，沙勒赫的这篇小说后来被英国殖民政府列入禁止传播的大名单。日本战败英国重新进行殖民统治后，作者当时被当作日本的通敌者而被英国殖民当局关押百日，小说正是写于作者被关押期间。幸运的是小说的手稿被寄给在新加坡的哈伦·阿米努尔拉西德并在他保存一年后最终得以出版。该小说出版后，刚被释放的沙勒赫又被英国殖民当局所逮捕，原因是他们在这篇小说中发现了"殖民者"的字眼，他们认为其中的"殖民者"就是指英国殖民政府。

1968年莎勒赫·阿卜杜拉·拉蒂夫(Salleh Abd. Latif)发表了一篇名为《黄昏地平线上的光亮》(Garis Cerah di Ufuk Senja)的中篇小说，之后在1981年文莱语文图书出版局出版了同样由他所著的小说《全年动荡》(Gegaran Semusim)。

慕斯利姆·布尔马特在文学创作上也有了更高层次的发展，并转移兴趣开始从事长篇小说的创作。其首部长篇小说《与季节赛跑》(Lari Bersama Musim)由文莱语文图书出版局出版。

《与季节赛跑》这部小说叙述的是一个贫困的渔民家庭如何与命运抗争的故事。文章主题鲜明，寓意深刻，在文学界受到很高的评价。马来西亚文学评论家沙赫兰·穆罕默德·萨曼(Sahlan Mohd. Saman)评价说从文章的主题和反映的问题来看，慕斯利姆是非常成功的。作者希望通过描绘一个贫困家庭的遭遇向人们揭露生活在文莱底层的一小撮人的艰苦生活。该小说能够以小见大，给读者带来很大的触动。马来西亚另一位文学评论家奥斯曼·布迪赫(Othman Putih)赞同沙赫兰·穆罕默德·萨曼的看法。他认为虽然这部小说中也存在一定缺陷，如作者有时会在作品中以叙述者的身份出现以对某些事件进行解释或叙述，但总体来说这部小说是成功的，他认为其独特之处在于充满了"地方特色"。

20世纪80年代，在庆祝回历1400年时，文莱语文图书出版局举办了一场长篇小说创作比赛。在这次比赛中慕斯利姆以其作品《一场梦的礼物》(Hadiah Sebuah Impian)获得了第二名。华人作家张亚福(音译，Chong Ah Fok)以其作品《外国人》(Orang Asing)赢得了第三名。此后语文图书出版局还曾举办过第二次长篇小说创作比赛，但参赛作品不多，结果并不如人意。这也可以看出文莱长篇小说并不是很受大众关注。

（四）戏剧创作

文莱现代戏剧的创作也是由马来教师发起。最初时他们尝试在苏丹诞辰庆典或其他重大活动时进行戏剧表演。在这些活动中学生和老师们在舞台上展示了他们的戏剧天分。之后这样的戏剧表演活动一直持续到20世纪70年代，才被年轻一代剧作家创作的、更带有社会色彩的舞台戏所替代。文莱的戏剧迷们认为后期的戏剧创作更有意义，因为新一代的剧作家们更擅长讲述具有文莱社会特色的故事。哈吉·阿哈马德·胡赛因(Haji Ahmad Hussin)、苏拉伊曼·朱祖(Sulaiman Cucu)等人，是继剧坛老手萨布杜·穆罕默德(Sabtu Muhammad)等之后活跃在剧坛上的新人。戏剧迷们认为戏剧能够以更直接的方式给文莱民众以训诫并产生一定的影响，因此曾有一段时间许多人热衷于戏剧创作并通过一些青年社团在舞台上进行展示。

20世纪50年代中期，由"文莱广播马来分部"负责的文莱广播剧开始出现。舞台剧作家瓦哈卜·穆罕默德(A. Wahab Muhammad)作为文莱广播剧的负责人，与阿迪·马斯(Adi Mas)、哈吉·尤素福·阿卜杜尔·卡迪尔(Haji Yusof Abd. Kadir)等剧作家一道，带动了新出现的广播剧的发展。20世纪60—70年代，是文莱戏剧发展的鼎盛时期，以至于到今天仍有一些戏剧创作家在回想起那段日子时还不免感概"人们只有在戏剧的陪伴下才能生存"。然而，这样的辉煌并没有持续很长时间，就像是昙花一现一般，在此之后戏剧有相当长的一段时期的沉寂，人们几乎都已经忘记了它的存在。1975年5月4日，彩色电视被引进文莱，当时文莱电视台为观众播放两种艺术节目，其中包括古典独幕舞台剧。然而由于质量欠佳和数量有限，因此播放效果并不是很理想。意识到这个问题后，戏剧艺术爱好者们主动发起成立一个名为"国家戏剧艺术团"的社团。该社团简称为

RUSILA，旨在重新激发人们对舞台剧艺术的兴趣，其主要发起人为哈吉·阿卜杜尔·瓦哈布（Haji Abdul Wahab）和哈吉·阿卜杜尔·拉赫曼·尤素福（Haji Abdul Rahman Yusof）。1982年底，文莱语文图书出版局举办一场舞台剧稿件创作比赛，受到了新老作家的热烈欢迎。部分参赛者尝试以争夺林梦的历史事件或是本基兰·沙哈班达尔·穆罕默德·沙勒赫创作的《拉基斯》的历史事件为题材进行创作。阿吉（Pg. Aji bin Pg. Haji Md. Tahir）以其作品《历史上的林梦》（Limbang dalam Sejarah）获得了比赛的第一名；阿卜杜尔·拉蒂夫（Abdul Latif bin Awang Chuchu）以其作品《民族作家》（Sasterawan Bangsa）获得了比赛的第二名；马斯里（Masri bin Haji Akip）的作品《客人们》（Tamu-Tamu）获得比赛第三名。1983年初，面对国际上伊斯兰复兴运动的蓬勃发展，哈吉·阿卜杜尔·萨曼·卡哈尔（Haji Abdul Saman Kahar）通过语文图书出版局研究机构，举办一场以登霄节（Isra'dan Mi'raj）的故事为主题的戏剧演出活动，通过这次事件再一次引发了文莱戏剧发展的新潮流。

（五）作家协会

在介绍文莱文学发展史时，还有一个必须提到的组织，即"作家一代联合会"（ASTERAWANI）。"作家一代联合会"与语文图书出版局一样，对文莱的文学创作起到了很重要的推动和促进作用。1961年文莱"语言协会"（后更名为语文图书出版局）成立，旨在促进和提高马来语的发展。当时一些文莱作家意识到他们也应该成立一个类似于新加坡"五十年代派"这样的写作社团以更好地带动文莱的文学创作活动。

在文学和语言教师哈吉·阿哈迈德·胡辛（Haji Ahmad Hussin）的倡议下，1962年7月文莱作家们组织成立了"作家一代联合会"。此后该协会积极组织举办文学研讨会、出版《作家一代联合会》杂志、举行短片小说和诗歌创作比赛、庆祝"作家日"等活动，并于1967年派出代表前往吉隆坡参加由马来西亚国家语文局举办的"诗歌研讨会"。

1968年"作家一代联合会"由于领导人能力问题以至于造成生存危机并几近解散，甚至有作家称其"要死不活的"。然而，在更换领导人以后，该协会成功度过了生存危机，并发展成为一个稳定且具有代表性的作家社团。1978年5月，马来西亚全国作家协会联盟（GAPENA）领导人伊斯梅尔·胡赛因（Ismail Hussein）访问文莱，成为两国在写作方面进行交流合作的开路先锋。此后，"作家一代联合会"与邻国尤其是马来西亚便开始建立密切的联系。

（六）关于文学作品的发表

虽然文莱的人口只有几十万人，但是其作家人数在全国人口中所占比重比该地区的其他几个国家都要高。文莱作家有着较高的创作热情，然而遗憾的是独立前文莱国内未能给他们的作品提供多少展示的平台。之前他们的作品还能通过马来亚、新加坡、沙巴或沙捞越的杂志或报纸进行发表，然而自从1963年发生印（尼）马危机以及在文莱和马来西亚关系疏远之后，文莱国内大多数作家都只能在国内寻找发表平台。除了由文莱语文图书出版局出版的《巨响》（Bahana）和《绽放》（Mekar）杂志外，他们可以公开展示作品的唯一渠道也只有文莱广播。

在新拼音方案公布以后，文莱语文图书出版局将《巨响》杂志创办为专门的语言杂志，文莱作家以及地区内其他国家的以马来语为语言工具的作家都可以向该杂志投稿。时间的流逝及社会的历练，有助于文莱作家对社会进行更加细致入微的观察，他们在文学创作上也变得更为成熟。

二、华人文学

在文莱这样一个富庶的国家，文莱文学的发展远不如经济上的繁荣，尤其是文莱的华人文学，与其他东南亚国家比起来，在质和量上都显得相对薄弱。这是有一定客观原因的。文莱国土面积小，相应的全国人口数量也有限。根据2009年文莱人口统计，文莱华人占文莱全国40万人口总数的9%，即华人人数仅为4万人左右，相当于我国一个普通小乡镇的人口数，在华人人数有限的伊斯兰国家氛围内，进行华文传播已属不易，更何况是进行文学作品创作。

（一）华文文学概况

长期以来，文莱没有本国创办的华文报刊，华文创作没有发表的园地。在20世纪50年代，一些文莱华校的文学创作爱好者把稿子投到香港或新加坡发表，从60年代到80年代，文莱的华文写作者采取"借鸡生蛋"的作法，依托沙捞越的《米里日报》和《诗华日报》等华文报纸的文艺版，艰难地发展自己的华文创作。这个阶段的华文文学作者除文莱的华校学生外，还有当地的在职青年、教师和在文莱就业的外来的华人青年。他们的作品大多以不十分熟稳的华文抒写自己的生活感受，除少数几个作者外，一般文学成就不高，也没有出现有影响力的作家，但却为华文文学的艰难成长，做了"筚路蓝缕，以启山林"的工作。1989年"文莱留台同学会写作组"成立，作为文莱的第一个华文文学组织，它在成立后的日子里，为集聚文莱的华文文学爱好者、发展文莱的华文文学创作，作出了前所未有的贡献。从1990年6月起，"文莱留台同学会写作组"在东马沙捞越的《米里日报》《诗华日报》和《国际日报》为文莱华人借版开设创作园地，该写作园地前15期名为"文莱留台同学会写作组文学特辑"，之后更名为《思维集》。《思维集》每月一期，发表的作品以诗歌、散文居多，这为文莱的华文作者提供了载体，鼓舞了一批文莱华文写作爱好者，在相当程度上促进和提升了文莱华文文学的创作热情。

20世纪末，文莱华文文坛出现了傅文成、江素珍（笔名为柯丽）、王昭英（笔名一凡）、劭安、李佳容（笔名煜煜）等具有一定艺术成就和影响力的作家，其中傅文成的作品《避世圃随笔》赢得了极高的声誉，引起人们对文莱华文文学的关注。在这部作品中，作者以独特的艺术构思，巧妙地设计了真实的人与虚构的神之间的对话，并通过生动的形象、简洁的语言、精辟的警句，揭示了作者对社会生活中种种问题的思考，对成功、正义、虚伪、智慧、惩戒、真理、世故、毁誉、变通与历史等"存在人间数千年的大课题"，假神之名予以褒贬，从而表现了作者对正确的人生观和价值观的反思与期待，无论思想性还是艺术性，此文都堪称一流。[①]此外，还有劭安的散文集《助安小品》《脚印》，小说集《蜕变》；林下风的诗集《抓凤尾的冰冷》《玩星》《羽岛独行》《锁在雾庄的忧郁》；林木隆（笔名方竹）的《方竹诗集》；方玉龙（笔名草地人）的诗集《爸爸不见了》；郑有利（笔名晓轨）的诗集《记忆中有梦》；一凡的诗文集《洒向人间都是爱》；朱运利（笔名朱喻）的散文集《帘外拥红映雪》；以及煜煜的短篇小说集《荆陌》《那季秋色》《轻舟已过》《青春儿女》《春晖》，还有与他人合集的《温馨的日子》《破雾的港音》等，都是在20世纪末出版的作品，显示了文莱华人的文学创作实力。另有一些青年写作人脱颖而出，如魏巧玉（笔名语桥）、杨德群（笔名一粟）等，代表了新崛起的一代，是文莱华文文学的希望之所在。

（二）华文文学特点

1.创作体裁以散文和短篇小说为主

文莱华人文学的创作，以散文、诗歌、短篇小说的数量更为丰富，尤以散文

---

① 一凡、赵朕：《路漫漫而修远的文化文学——文莱华文文学概观》，《世界华文文学论坛》，1999年第2期，第35-38页。

和短篇小说的成就为高。至20世纪末，文华长篇小说都未出现，戏剧也十分罕见。这种情况与文莱马来文学的创作有相似之处。文莱马来文学的诗歌和短篇小说较长篇小说而言，出现时间更早，并且其国内诗人和短篇小说家的数量也有不少，因此当文莱语文图书出版局举办诗歌或短篇小说征文比赛时，总是有众多作品从全国各地纷至沓来，甚至文莱语文图书出版局还出版了很多优秀诗歌集和短篇小说集。而文莱的马来文长篇小说直到20世纪50年代才出现，且长篇小说优秀作品的数量也相对有限。在文莱语文图书出版局发起长篇小说创作比赛时，参赛作品数量也远不及诗歌和短篇小说，可以看出文莱长篇小说的创作在国内并不是很受大众关注，包括马来文长篇小说和华文长篇小说。

2. 在本土性方面显得相对薄弱

文化归属问题一直困扰文莱华人，华文地位及其价值面临严峻的现实挑战。在文莱，马来语是官方用语，汉语只是民族语言，主要是通过华校来传播的。文莱政府在1960年制订法律，规定在文莱出生的华人，不能自动成为文莱公民，要在文莱总共生活25年以上，且连续居住20年，还必须通过马来语的考试，才有公民权。因此，尽管华人为文莱的第二大民族，但真正取得公民权的华人，仅占当地华人总数的五分之一，其余只能作为永久性居民或临时性居民在文莱居住。由于大多数的华人未取得当地国籍，这种身份上的不认同，使文莱华人无法像东南亚其他国家华人那样落地生根，也无法从根本上与文莱本土思想文化融合。而在马来西亚、新加坡、泰国、印尼等国，其华人文学早就以"此时此地"为背景，反映当地各族人民的生活，从而具有更鲜明的本土文学的个性，而文莱华文文学在本土性方面则显得相对薄弱。

3. 重在思想领域的哲学思考

文莱在东南亚各国中算是富庶安宁的国度。即使在风云激荡，争取独立的浪潮席卷亚非拉的年代，文莱政局亦处于相对稳定的状态。文莱国泰民安和人民丰衣足食，良好的生活环境使得文莱华人不需要像其他东南亚国家的华人那样去感受各种矛盾和冲突的状态，因此文华文学鲜有忧国忧民的社会意识，作家们关注的创作主题多是成长过程中的体悟、生活的感受、恋爱与家庭，以及对自然的思索等，常常是从日常生活或社会事件中挖掘人生哲理。如傅文成的作品《避世圃随笔》，表现的是作者对正确的人生观和价值观的反思与期待；从一凡的散文中可以体会真情、亲情、友情、乡情等等贯穿其中，如其作品《洒向人间都是爱》就以质朴的语言回顾母亲的生平和美德，特别是母爱的博大深沉。命运、成功、正义、虚伪、智慧、惩戒、真理、世故等哲理性问题经常成为文莱华人笔下探讨的焦点。

4.不少作品以周边国家的社会事件为题材

不少文莱华文作家经常往来于世界各地，特别是其他东南亚各国，与马来西亚、新加坡联系十分密切。此外还有部分华人作家曾经有过在马来西亚、新加坡或中国生活的经历，或在这些国家接受过教育，如新加坡南洋大学，是不少文莱华人作家终生难忘的母校。有的作家是"留台同学会"的会员，他们在中国台湾接受中华文化的教育和熏陶，在定居文莱后致力于华文文学创作，因此他们的作品很多取材于周边国家的社会生活。如煜煜的《轻舟已过》回顾太平洋战争后期米里、古晋地带英雄志士命运的艰辛；《血债冤情》描写太平洋战争期间马来西亚的抗日活动；《圈套》描写马来西亚反毒品走私斗争；中篇小说《那季秋色》，描写大马家庭生活的波折变迁；劭安的小说《夺爱》、《养女》也取材于马来西亚；一凡的散文《我们寻根去》、《江山如此多娇》描写到中国的旅游见闻，足迹遍及福建、广州、重庆、长江三峡及其附近省份，赞扬中国的改革开放给经济带来的繁荣景象以及各地的巨大变化，等等。[1]

（三）华文文学发展的制约因素

海外的华人社会作为一个居住国的族群，要赓续中华文化传统，发展华文文学，往往是通过华文学校、华文报刊和华人社团的共同作用来实现的。华文学校是培养华文作者的基地，是华文文学生存和发展的温床，她的兴衰直接影响到华文文学的发展；华文报刊是华文文学的载体，她对激发华人的创作热情有着举足轻重的意义；华人社团是华文文学的坚强后盾，有利于发掘华文创作人才，促进文艺创作活动的开展。这三者的良性互动，将构成华文文学普及与提高的重要前提。

然而，目前在文莱仅有8所华文学校，除3所设有中学部外，其余的5所均为华文小学。这些华校虽然得到华人社团的资助，但在学制和课程上没有自主权。并且在这些学校里，华文只是其中开设的一种语文科目，教学的媒介语还是以英文和马来文为主。如此种种对于华文教学的制约，必然使文莱华文文学发展受到

---

① 王丹红：《文莱华文文学与文莱社会》，《海外华文教育》，2010年第4期，第78-83页。

极大限制。

一直以来，文莱没有本国创办的华文报刊，华文创作没有发表的园地。虽然"文莱留台同学会写作组"成立后，借版马来西亚沙捞越的几份日报为文莱华人开设创作园地，但其数量还是有限，迄今文莱无本国华文报社，中文报纸由国外进口。目前有三家马来西亚中文日报《联合日报》、《诗华日报》和《星洲日报》设有文莱新闻版，在文发行。缺乏展示平台无疑对发展本国的华文创作带来诸多困难。

至于华人社团，20世纪前文莱国内就存在有若干个华人社团，如文莱留台同学会、斯里巴加湾市中华商会、马诗华人机器公会、文莱福建会馆、文莱海南会馆、文莱客属公会等等。华人社团的宗旨主要是联络乡情，为同乡谋取福利，增进团结，发扬互助。他们热心华文教育，积极对文莱华校进行捐助，但真正投身于文学的很少，只有"文莱留台同学会写作组"，其势单力薄发挥的作用也是有限的。但不可否认的是，文莱华人社团已经为华人文化的延续和传播做出了积极的贡献。

总的来说，华文教育存在的不足和缺乏华文作品的发表平台，华文学校、华文报刊与华人社团之间无法形成健康的良性互动，是文莱华人文学面临的最大困难。可以说文莱华文文学是在十分艰难的环境中求得生存和发展，能够形成现在的局面已实属不易。

第三节　歌舞艺术

文莱的歌舞大多取材于各地的民间文化和生活习俗，舞蹈形式与日常生活场景息息相关。丰收、婚庆、宗教庆典都是文莱舞蹈的主要素材。浓郁的民族风情、绚丽多彩的服饰和欢乐轻快的旋律给观众一种身临其境的感受。

文莱马来人的传统舞蹈表现了他们对生活的热爱和赞美，欢乐的舞步和精彩的伴奏更增添了节日的气氛。随着时间的推移，一些传统的民间舞蹈已经不再拘于创作之初的用途，而是被广泛地用到了其他场合。民间舞蹈以集体舞为主要形式，包括以下几种[①]：

① 刘新生、潘正秀：《列国志·文莱》，北京：社会科学文献出版社，2005年版，第189-190页。

1. 莎玛林当舞

舞蹈根据歌曲《西蒂·莎玛林当》创作而成，塑造了莎玛林当姑娘美丽、贤惠、孝顺的形象，深受广大文莱马来人的喜爱。

2. 安丁舞

安丁舞分为巴安丁舞、南榜安丁舞和普通的安丁舞3种。以前表演安丁舞是为了敬鬼求神、除灾祛病。节目到达高潮时，舞蹈表演者表演失去自我控制的状态，与鬼神直接对话，动作奇特，语言难懂。现在的安丁舞仅在喜庆或娱乐时表演，通常有歌曲伴唱。

3. 阿都—阿都舞

阿都—阿都舞是达雅克人的传统民间舞蹈，一般在庆典中演出；也常在农业收获后表演，表达人们丰收后的喜悦和对来年丰收的祈望。舞者多为衣着艳丽、威武潇洒的青年男子。他们每人两手各持半个椰壳，交相碰击，发出清脆的声音，使观众沉浸在欢快、轻松的氛围中。

4. 吉宾舞

吉宾舞一般在庆典、仪式上演出，偶尔也在舞台上表演。舞者由6对男女组成，有几首固定乐曲伴奏。所用乐器因伴奏的歌曲不同而有所差异，一般是小手鼓、阿拉伯式六弦琵琶和提琴等。

5. 阿代—阿代舞

阿代—阿代舞是根据文莱渔民最喜爱的歌曲《阿代—阿代》编成的。演员扮作渔民，一边摇橹，一边唱歌，表达他们对生活和劳动的热爱以及对真主的感激之情。歌词通常是传统的马来班顿诗，表演者多为成对的男女。

6. 波纳里舞

波纳里舞常在喜庆或向神灵还愿时演出，是赞美爱情的舞蹈。演员为3对青年男女，有时也只由男青年或女青年组成，以提琴、手鼓、大鼓伴奏。表演时，男女演员互对诗歌，在嬉笑欢乐中展露真挚的爱情。

7. 色卡普舞

色卡普舞与菲律宾的竹竿舞基本相同，只是不用竹竿，而用木杆。最初跳色卡普舞是在部族首领过世时借以慰藉其家庭，后来只在娱乐或举行婚庆时演出。色卡普舞没有歌曲伴唱，只用被称作"沙比高图"的大鼓伴奏。

　　文莱舞蹈艺术团体踊跃走出国门，向世界人民展示其具有民族特色的歌舞魅力。2004年11月在广西南宁举办的"风情东南亚"晚会上，来自文莱的乐队演唱了《缤纷梦想》，主题是劝诫人民远离毒品。他们的演出体现了现代文化艺术与文莱传统艺术的相互交融。隶属于文莱青年文化体育部的"丝南顿达鲁萨兰"艺术团是文莱最负盛名的艺术团。2010年5月上海世博会的文莱国家馆日上，文莱艺术团为游客献上了一场美轮美奂的视听盛宴。演员们身着文莱传统服饰，用马来语演唱了多首脍炙人口的歌曲，身着纯手工制作的马来婚礼礼服的演员还为现场观众表演了一系列马来族的传统祝福仪式。2012年9月23日，在中国广西南宁举行的第九届中国—东盟博览会"魅力之城"展区中，文莱首都斯里巴加湾市艺人身着民族服装在文莱风格的建筑前载歌载舞，向观众展示文莱的特色舞蹈。2012年文莱旅游局携文莱喜悦歌舞团首次参加上海旅游节，文莱喜悦歌舞团的演员带来了极具文莱特色的民族舞蹈，华丽闪耀的服装搭配演员优美的舞蹈，向中国的观众传递了来自文莱的热情与友谊。

　　上述的歌舞表演大多都是政府官方行为，而且都是以传统歌舞为主题，文莱本土的流行音乐产业，却因为受到社会氛围和传统观念的束缚，还处于起步阶段。近年来，才有来自文莱的歌手在两岸三地的走红，从一个侧面也能看到文莱流行音乐土壤的匮乏，特别是在市场和硬件设施方面。在文莱，一张流行唱片能卖出500张，就已经算是不错的成绩了，而能容纳3 000~5 000人的演出场地也很难找到。

第四节　手工艺品

　　文莱有着制作各种手工艺品的能工巧匠，他们打造的竹器、藤器、金银器具、手工纺织品等各具特色。文莱传统的手工艺品在追求色彩和图案美感的同时做工精细。文莱的政府部门和国民都在不遗余力地保护国家所拥有的这些丰富文化遗产。

　　文莱河畔有一幢红白相间的高大建筑与水村遥相对望，它曾是文莱文化、体育部办公楼，1984年该部搬迁新址后，被改置为"艺术和手工艺品中心"，每天向公众免费开放并销售各种文莱传统手工艺品。如果说水村是保留文莱人传统生活方式却又在不断变化的现实世界，那么艺术和手工艺品中心则是集中展现文莱民间手工传统、暂时凝固了时空的一块净土闲田。在艺术和手工艺品中心的展厅中，所有的展品全是文莱传统的手工艺品，虽然说不上琳琅满目，却也多姿多彩，处处体现着文莱人民的才思与技巧。

展品分为竹器、木器、银器和纺织品四种组合布置，这也透露出当地手工艺品的主要原材料和制作方向。展品大都精巧别致，如竹器是用葭条编成的各式手袋、钱夹、纸巾盒、盘子、笔筒、储蓄罐、杯垫、座垫等日常生活用品，可谓应有尽有。这些小物件的编制手法虽然简单，却多被施以大红、桃红、嫩绿、明黄等各种对比强烈的艳丽色彩，在简洁中透出几分俏丽，不仅更具吸引力，也体现出文莱人特有的审美情趣。

木器有镂刻了花纹的镜框、信箱、门楣等实用小型家具或配件。别具特色的是，文莱人喜欢的棋类游戏——巴桑（Pasang）的棋盘也在其中。巴桑是当地人非常喜爱的休闲游戏，其棋盘分为两种，一种呈平面方形，类似中国的围棋盘；还有一种呈长条立体状。

银器是所有展品中最为耀眼的工艺品。这些装饰用的小炮台、乐器、船、蛇状匕首、杯、碗等，全都精雕细琢而成，主要以缠枝花蔓或连珠纹装饰。

手工纺织品是所有展品的主题，也因此占去了整个展厅的大部分面积。文莱人很早就掌握了纺织技术，据《梁书·夷貊传》记载，当时的文莱人就能织成一种叫古贝的布。一千多年来，文莱人手工织布的传统一直没有中断，尽管今天我们早已习惯了穿着机械化生产的衣衫，但在文莱，当地男子每逢重大场合所穿的围腰依然要请人用手工织成。可见人们还是乐于保持一些珍贵的传统。

纺织展品中有用金银线织成的设计华美的马来服饰，也有绣着《古兰经》的大幅壁画，以及靠垫、桌布、手巾、围裙等日常用品和装饰品。众所周知，穆斯林不主张偶像崇拜，因此不用人像、动物等具体形象作图案装饰，而变换的几何图形和精心搭配的色彩则成为文莱穆斯林艺术品的主要特色。这些布匹无论从花色还是质地来看，全都是上乘之作。这些传统手工纺织工艺在追求色彩和图案美感的同时也力求细节完美，例如在一块面积不大的蓝底手巾上，除了精美的金色菱形花纹外，还有用金线织成英文的"文莱达鲁萨兰"字样，的确是别具匠心。

在2010年上海世博会上，文莱也将手工艺品作为国家文化的主要代表之一向参观者展示。3位来自文莱的手工艺专家在文莱国家馆现场举办文莱传统手工艺展，制作拐杖、编织垫，编织篮子等。据文莱馆工作人员介绍，这3位手工艺专家由文莱经济发展部赞助，主要目的是向参观者展示文莱的传统美术和手艺。3位专家制作的手工艺品款式别致、工艺精湛，富有传统的文莱民族特色。

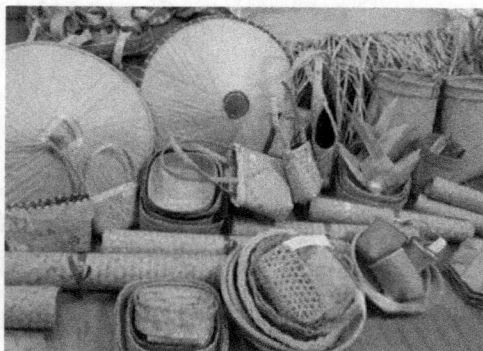

图5-1　文莱手工艺品（编织物）

图5-2　文莱手工艺品（拐杖）

图5-3　文莱手工艺专家在展示编织技术

图片来源 http://service.2010expotv.com/20100804/103415.shtml。

第六章　传统习俗

第一节　婚俗

一、结婚习俗

按照伊斯兰教的传统，文莱穆斯林男子可同时拥有4个合法妻子。不过，娶新妻子需要获得已有妻子的同意，否则先前的妻子有权向伊斯兰法庭告发丈夫的行为。同时，穆斯林男子对自己的妻子必须平等对待不可厚此薄彼，否则也算是犯罪。在现实生活中大部分文莱马来人家庭仍然是一夫一妻，这样关系简单更容易处理。

文莱人的婚恋观，比较体现人性的本真和自由。少男少女懵懂的情愫不用压抑或遮掩，一旦两情相悦，情投意合，父母便可进入考察阶段，如果得到了双方父母的认可，即可进入说亲阶段。当然，虽可以自由恋爱，但"父母之命、媒妁之言"的形式还是需要遵守的。如果男女双方不是自由恋爱而是通过媒人介绍，则父母也需要征求男女双方本人的同意。父母为儿子物色对象的标准一般是：长相俊秀俏丽，烹调、缝纫是把好手，会诵读《古兰经》等。若男方父母看中了哪位姑娘，便请媒人或亲朋好友帮忙详细了解姑娘本人及其家庭情况，如果对女方及女方家庭情况基本满意，便请一位年长的媒人前往女方家求亲。一般情况下，女方父母不会立即给予答复，而是待与家人商定后，过两天或一周左右才托付一名长者前往男方家回话。而有关聘礼、订婚、彩礼、婚礼日期等事宜则于此时由双方商量决定。

过去，文莱马来人订婚时，先送聘礼后订婚约。现在，人们为了省事一般把两个仪式合并举行。送聘礼时，准新郎穿一身马来民族服装，或穿一套哈吉服（白头巾、长袍）。一群小伙子每人拿一样聘礼陪伴准新郎一同前往。抵达女方家时，女方将派家人迎接，并把礼品送入屋内，整齐排列在为新人专设的座椅前面。伊斯兰教法官先生和其他客人面对聘礼而坐。订婚约之前，宗教法官先清点聘礼，并由两名女方选派的证婚人监督。如不举行订婚仪式，则不必请宗教法官出席，送来的聘礼即由女方一名代表和两个证人（从客人中选出）验收。订婚仪式开始时，准新郎在席子上盘腿而坐，宗教法官按程序先把准新郎的名字写入签到簿，之后握着准新郎的手同时宣读婚约书。婚约书读完后宗教法官摇晃一下准新郎的手臂，示意他明确表态。准新郎的回答必须迅速响亮，直至法官和两个证婚人满意为止。仪式完毕，准新郎起立，依次与宗教法官、未来的岳父及所有出席仪式的客人握手，互致问候，之后返回自己的家。在准新郎走后，女方家人要以食品招待客人，最后将男方带来的蒌叶、槟榔和鲜花分给来宾，并用男方送点心和水果的器皿装满食品，让男方来客带回，以示感谢。订婚后，如果男方反悔，女方不退礼品；如果女方违约，则礼品将加倍退还。

人们在订婚后还要举行"送彩礼仪式"。男方送给女方的彩礼通常有订婚戒指、绣花布（折叠成鸟儿状，并饰以金饰物）、婚礼费和日常生活用品等。上述彩礼须盛在被称为"网沙"的专门器皿里，上面用纱布盖好。由男方家派出几名妇女手持"网沙"，在众人的陪伴下将彩礼送往女方家。到达女方家后，将"网沙"置于厅堂正中。由送彩礼的领队人将彩礼转交给女方家代表。女方家代表派人验收完毕后，将"网沙"倒空，并装上送给男方的各种答谢礼品托男方的代表带回。答谢礼品一般是订婚戒指、一套男装、男用化妆品、各类糕点等，有时比男方的彩礼更多、更贵重。

文莱马来人的婚礼盛大隆重，一般要接连举行3～7天。传统上，文莱马来人的婚礼仪式是在女方家举办，婚宴和布置也由女方家负责，并且婚后夫妻双方共同居住在女方家。结婚旺季一般为伊斯兰历4月和9～12月这段时间。证婚人通常由阿訇担任，结婚证上除了写有阿訇的签名外，双方家长也必须签名才能生效。

文莱马来人的婚礼多在夜晚举行。婚礼第1天晚上，新郎及亲友、阿訇、长老、父母排成浩浩荡荡一列长队，由鼓乐队在队列最前方引路，捧着聘礼，拿着《古兰经》，在音乐的伴奏下，唱着歌向女方家前进。女方家要招待来宾吃咖喱大菜，一直到午夜过后才散场。当夜新郎在女方家住下，宾客离去时，按照惯例每人可得到一份鸭蛋作为谢礼，象征对新婚夫妇早生贵子的祝愿。

婚礼第2天、第3天是新婚夫妇的节日，他们将接受双方亲朋好友的贺礼和祝福，并在女方家举行招待宴会。第4天晚上，男方家的亲友将前往女方家集体念经，照例接受餐宴款待，这天夜里两位新人方可进入洞房。一直到第7天，新郎才带着新娘回家见父母，然后回女方家住下去。

马来人的婚礼前后还有几个重要的仪式，分别是"饰发美容礼"、"染手掌礼"和"并坐礼"。

1. 饰发美容礼

在举行婚礼之前，要对新郎新娘的容貌进行一番修饰。相比较而言，新娘的婚前打扮更为细致复杂。传统上马来姑娘在结婚前三天左右要请专人为自己修剪额发，并将参差不齐的牙齿用一种特制的石头磨平。修发和锉牙完毕，姑娘还要沐浴、涂脂粉，之后用掺有柠檬汁的水擦洗身体，传统习俗认为这样做可以驱邪、祛灾、除晦气。但现今无论在城市还是在农村，已很少有人坚持这一习俗。

2. 染手掌礼

新婚夫妇的染手掌礼要分三次进行，分别称为"私染"、"小染"和"大染"。染手掌虽分三次进行，但仪式基本相同。新娘在自己家里参加这所有的三个仪式，而新郎则先在自己家中参加前两个仪式，最后到女方家参加"大染"仪式。但近年来，马来人为图方便省事，已逐渐改为仅举行"大染"仪式。"大染"仪式的程序是：新郎到新娘家后，安排落座，岳母派人在他手心垫上蒌叶。其座位前放着一个高脚铜盘，盘里放着三个碟子或类似器皿，分别装着黄姜米、米花以及掺有碾碎的山姜叶的水，碟子里还放着一根用有香味的叶子扎成的喷水器，盘子的正中放着一个装有碾碎的指甲花的器皿。一名年长的男宾为主持人，他将取一点黄姜米先后撒在新郎的右、左肩上，之后以同样的顺序再撒些米花，接着用香叶喷水器蘸些山姜水，喷湿新郎双手的正、反两面。最后，拿少许指甲花涂在新郎的手掌上。由于新郎掌心已垫有蒌叶，因此其掌心不被染色。染过手掌的新郎双手合十，高举到胸前，向主持人致敬道谢。此后，所有来宾不分男女老幼都可以轮流当主持人执行同样步骤。但是根据马来人的习俗，一般先男后女，并且主持人的人数一定得是单数，因为他们认为双数是不吉利的。非伊斯兰教徒也可以参加婚礼，但不能主持仪式。仪式结束后，新郎在亲友的陪伴下先行回家。接着举行新娘的染掌仪式，程序与前者相同。

3. 并坐礼

"并坐礼"是马来人婚礼的高潮,一般安排在第7天。"并坐礼"原本并非伊斯兰教结婚仪式的一部分,它是受印度教影响逐渐演变而成的礼仪。"并坐台"样式与马来苏丹的王座很相似,用木头和厚纸做成,下面是个两三级的台阶,下宽上窄,成梯形,外面套上绣花丝绸,周围装饰有纸花和各色彩灯,豪华气派。台上摆着两张椅子或是特制的长椅,这也就是新郎新娘并坐的地方。

图6-1　文莱"并坐礼"

图片来源 http://2010.people.com.cn/GB/164722/11549702.html。

新娘身穿马来新娘装,在母亲带领下,缓缓步出新房,由伴娘扶着登上并坐台,坐在椅子或凳子的左边。伴娘站在新娘的左侧,手持绣花扇轻轻为新娘扇风纳凉。新娘垂首闭目,羞羞答答,显得无限娇媚。在马来人眼里,这是贞节的表现。与此同时,新郎身穿马来盛装,头戴着锥形头巾,腰佩短剑,在伴郎的引导下,也走上并坐台,仪表庄重地坐在右边。一对新人并坐在并坐台上,俯视来宾,颇有君王早朝的气派。举行仪式时,主持婚礼的长老先向新婚夫妇念经祝福,宣读双方的誓约,公布新郎送来的聘礼数量,然后由阿訇揭去新娘的面纱,为新人洒圣水,为新人牵手,高声朗诵《古兰经》,拿两小包槟榔叶给新郎和新娘嚼食。嚼完之后,双方交替朗读永远敬爱的誓词,互敬白米饭一碗,或互相喂食香饭。之后,来宾们纷纷上前祝贺,有的馈赠礼物,有的献桂花环,有的为新娘的指甲涂染赤红色的槟榔叶,以示祝福。

此外，关于文莱马来人的婚礼，还有两个较重要的礼仪，分别是"婚后浴礼"和"回门礼"。婚礼后第7天，人们给新婚夫妇举行"婚后浴礼"。"洗浴"前，新郎新娘在新人专座上再次并肩而坐。他们的父母和亲属也都来参加，用柠檬或酸橙水象征性地将他们的身体沾湿，以示新婚夫妇的完美结合。之后将有一大群青年男女把五颜六色的水泼洒在他们身上，以这种方式表示对他们的祝福。按照传统习俗，新婚夫妇被浇湿的衣服不可继续穿用，也不许自己拧干，必须做为礼品送给母亲，以消灾祛祸。但现如今保留这一礼俗的人已不多见。

在举行"婚后浴礼"的当天晚上，将举行"回门礼"。新婚夫妇欢欢喜喜回男方家探亲。有钱人家还要为新婚的儿子、儿媳大操大办一番，如请工匠为儿子和儿媳精心制作豪华的座位，再次为他们举行"并坐礼"，而后大摆筵席，宴请宾客。按传统习俗新婚夫妇将被接回女方家居住。但近年来，随着社会的发展及人们思想观念逐步开放化，在文莱城市里更为普遍的情况是新娘落户新郎家生活。

二、离婚习俗

马来人的离婚礼俗也同其他穆斯林一样，只要丈夫重复说两遍"玛拉克"（阿拉伯语，意为"我休了你"），然后到伊玛目那儿登记就算离婚了。离婚也可由女方提出，但结果如何取决于丈夫的意见。离婚时，男女双方的个人财物不论是结婚以前还是以后购置的都归本人所有。通常家庭所住的房屋公认归女方所有。关于土地的划分，如果妻子直接参加了土地的耕种，那么根据婚约，她可得三分之一至一半的土地。

三、再婚习俗

按伊斯兰教规定，已婚妇女与丈夫离婚时间不到三个月零九天者不许再婚，这段时间称为"妇女再婚禁期"，而离婚后的男方可在任何时候再婚。再婚过程较初婚简单。男方通过了解看中女方之后，便请媒婆去女方家求婚，若女方同意，便可定下婚约、彩礼等事宜。通常女方不太计较彩礼的多少，更看重男方的品德，以便重建幸福美满的家庭。一般在定婚约和举行婚礼时，只需举行小型家庭便宴。婚后也不举行沐浴仪式。有的夫妇甚至只在证婚人参与下签订婚约即可，也有的人家因家庭富有或女子年轻貌美，而大规模操办婚事。

第二节 丧俗

依照伊斯兰教教规的相关规定，死去的穆斯林要尽快埋葬，决不可无缘无故地拖延6小时以上。因而，当年老的人病重垂危、奄奄一息的时候，他的家人便请清真寺的主事人到病榻前为病人诵念《古兰经》，让他安详地、无忧无虑地到另一个世界去。习惯上，凡是上午逝世的教徒，都在当天下午埋葬；而在下午死去的教徒，最迟在第二天傍晚就要入土。

文莱马来人认为，办理丧事是人人应该学会的一门学问，他们操办丧事也有一套完整的程序。这套土葬礼仪通常包括报丧礼、吊唁礼、浴尸礼、入殓礼、出殡礼等五个重要仪式。

一、报丧礼

依照马来人的习俗，不论是在市镇还是在乡村，当老者逝世以后，应马上通知当地清真寺的管理人员，便于他们及时将死者的姓名、逝世的时间以及举行葬礼的时间和地点，公布在清真寺的布告板上，以便让当地的乡亲们知晓。这就是报丧礼。与此同时，还应及时将丧讯通知邻居和亲朋好友，包括在外地的亲属，请他们前来参加葬礼。

二、吊唁礼

死者将被抬放至一张铺有清洁白布的尸台上。尸台通常停放在屋子的中间，以便接受亲友瞻仰。死者仰卧，双手右上左下平放在胸口，两脚伸直并拢，眼睑关闭，一条白布由头顶包到下巴，以防嘴巴松开，然后用布由头到脚盖住死者遗体。在尸台前，还点燃着伽罗木，摆有香炉。根据马来人的习俗，所有来吊丧的亲友以及左邻右舍，都应对死者表示尊敬，他们不能高谈阔论，也不能嚎陶大哭。

三、浴尸礼和入殓礼

"浴尸"和"入殓"虽是丧葬礼仪中两个不同的仪式。但二者在时间顺序上前后相接，故将其一并介绍。

"浴尸"是一种宗教性的仪式，按当地习俗，给死者洗尸就是掩藏死者各种缺点、弱点和错误，而对于生者来说，如果不给死者洗净身体就无法成为给死者祈祷的人，这是个很大的损失，因为家人的祈祷最受重视并被认为能够实现。举行"浴尸"礼时，尸体由同性别的亲友抬至沐浴之所，并由同性别的"沐尸师"负责主持。尸体用清水和肥皂洗净擦干之后，将被涂上樟脑和檀香木的粉末，并在腋下等折窝处夹上棉花。接着，把洗净的尸体抬入屋中进行裹尸。将裹尸布撕成上衣、纱笼和头巾的样式，裹扎尸身，严禁用针线缝制。尸体被穿上衣服后，再包扎上3层白布，富有的人家则包上7层。死者亲属在其头部撒上檀香木粉，最后用布条把死者的双脚和头部都包裹起来，放入棺材中。

马来人的棺材用轻便的木板做成，有些棺材底层用白布代替木板。封棺后，盖上多层布料，并将有金线刺绣图案的布料放在最上层，或者是绣上《古兰经》的经文。此时，可以将棺材抬到清真寺旁边的停棺棚，为死者祈祷。礼毕将棺材抬至墓地。

四、出殡礼

在乡村，棺木由几位亲友一同扛到坟场，而在城市，则是由清真寺特备的灵车运载。清真寺管理人员早已在坟场等候迎接灵车，他们打开棺盖，拆除扎捆尸体的布条，在尸体四周塞一些亡者家属已捏好的土块，在亡者耳边呼唤穆罕默德的名字。之后盖上棺盖，埋好泥土。所有的穆斯林入土的时候，都必须面向圣地麦加。

马来人的坟穴，除主穴外，在主穴底部的旁边还有一个小洞穴，尸体就埋葬在小洞穴内。墓碑应在当天装妥，若当天无法装妥，则必须在日后将要立碑的地方插上一根树枝。

墓穴填土后，主人家请一名哈吉，或教长，或伊玛目前来念经。在墓旁有一块用纱笼包裹住的方形席子、一盘各色花卉和一两壶浸檀香木的水。念经者坐在席子上为亡者低声祈祷，最后念的是"平安经"。之后，按从头到脚的顺序把花朵和壶里的水洒在坟上。葬礼到此算是全部结束了。礼毕，将席子、香水瓶子等物及一定的酬金送给为死者念经祈祷的人。

根据马来人的习俗，女性不可去送殡，而参加送殡仪式后的男子，在洗手换衣之前，不可以接触小孩。死者去世后的第3、7、14、40、100天及每年的祭日，家人都要为死者举行祭宴。

第三节 节庆

文莱的重要节日包括元旦、国庆日、苏丹诞辰、圣诞、开斋节、圣纪节、春节和稻米收获节等，这其中既包含伊斯兰教的节日，也有外来少数民族的传统节日。这些节日的时间根据伊斯兰教历、公历或中国农历来确定。从文莱节庆的情况可以看出，文莱是一个对国民包容性很强的国家，不管什么民族、什么宗教，都尊重他们庆祝自己群体节日的权力。

一、开斋节

开斋节是伊斯兰教三大宗教节日之一，在伊斯兰历十月一日。伊斯兰教法规定，伊斯兰历每年九月（Ramadan）为斋月，凡成年健康的男女穆斯林，都应全月封斋，即每日从拂晓至日落禁止饮食、娱乐和房事。封斋第29日傍晚如见新月，次日即为开斋节；如不见月，则再封斋一日，共30天，第二日为开斋节，庆祝一个月斋功圆满完成。

关于斋戒的来历，是因为在伊斯兰教历九月，穆罕默德40岁那年，真主把《古兰经》的内容传授给了他。因此，人们视伊斯兰教历九月为最尊贵、最吉庆、最快乐的月份。为了表示纪念，就在九月斋戒一个月。起止日期主要看新月出现的日期而定。进行封斋的目的是让人们在斋月里认真地反省自己的罪过，使经济条件充裕的富人，亲自体验一下饥饿的痛苦心态。

据伊斯兰教经典记载，伊斯兰教初创时，先知穆罕默德在斋月满时进行沐浴，然后身着洁净的服装，率穆斯林步行到郊外荒野举行会礼，并散发"菲图尔钱"（开斋捐）表示赎罪，以后相沿成俗，开斋节也成为了穆斯林最盛大的节日之一。

文莱是东南亚伊斯兰化程度最高的国家，每年斋月开始，苏丹政府向贫穷的穆斯林教徒施舍牛羊肉和蜜枣各80吨。如果违反斋月三禁，是违法行为，要处以罚款或坐监。其他人在这期间当着文莱人的面进食，是不礼貌的行为。作为穆斯林的邻居，最好也不要大摆宴席。

当今世界，部分穆斯林国家和民族，每逢斋月，依然奉行先知的教诲——在身体忍受饥劳的同时，灵魂得以净化和充实。因为世界各地观测天象（月亮盈亏变化）的差异，各伊斯兰国家斋月起始日期可能略有差别。在奉行穆斯林世界的诸多斋月规定之外，文莱的穆斯林在斋月期间还有一些具有本国特色的斋月习俗。

在斋月开始前一天的傍晚，皇家武装部队在斯里巴加湾市的赛福鼎广场发射12响礼炮，以示斋月的降临。斋月第一天晚上8点至12点间，文莱努洛伊曼王宫的祈祷厅向本国穆斯林开放，苏丹为前来祈祷的臣民提供饮食（自助餐），12岁以下的穆斯林还可以得到苏丹赠予的"青包"（红包）。这一活动从斋月第一天晚上起持续12天，每晚约有1万多穆斯林参与。

王室成员和政府高官会前往第二十八世苏丹的王陵祭拜，念诵《古兰经》。第二十八世苏丹赛福鼎生于1914年，1950年继承王位。他在位期间，文莱经济得到较大发展，人民生活明显改善，因此苏丹赛福鼎被誉为现代文莱的"设计师"。1967年，苏丹赛福鼎主动让位于现任苏丹。开斋节前后，现任苏丹会亲率主要王室成员前往凭吊，以表达对这位现代文莱奠基者的真挚怀念。

扶贫济困本是每个成年穆斯林应尽的义务，斋月期间的捐赠则更有意义。斋月的一大要义就是体现穆斯林的团结友爱精神。因此在文莱斋月期间，每个年满18岁的穆斯林要为贫困穆斯林捐款，捐款由宗教部专门负责筹集和使用，捐款数额视捐助者的家庭和经济能力而定，但是也有一个最低的标准——要至少能购买一袋香米（约8美元）。为了体现穆斯林之间的互助，文莱政府部门也会为已故公务员未成年子女自发组织捐款，让这些孤儿能得到穆斯林大家庭的关怀和温暖。

许多文莱穆斯林都会去墓地祭拜他们逝去的亲人，清理墓园，敬献鲜花。文莱的军人和警察会自发组织去穆斯林公墓清理、修葺，这也是他们服务社会的一种形式。

由于每个健康的穆斯林只能在日落之后进食和饮水，这是对体力和耐力的一大考验。产于中东沙漠地区的椰枣，由于日照充足而糖分极大，且富含人体所需的蛋白质，因此成为穆斯林钟爱的营养品。文莱苏丹每年斋月期间都向全国的穆斯林免费发放沙特椰枣，既体现了苏丹的亲民，也是对广大穆斯林的一种勉励。

开斋节前夕，人们会忙碌着清扫居室，将家中布置一新，还要采购礼品，烹制各式食物馈赠和招待亲友。在斋月最后一天的新月升上天空，开斋节便开始了，节日的盛装穿戴起来，精美的食品摆上桌，家家户户张灯结彩，然后是"开门迎宾"。每家的门都敞开着，任何人来家里都是贵客，即使是陌生人，也要请吃正餐。还有更讲究一点的形式，就是发请帖，但客人不论有没有请帖都可以去。收到开斋节请帖，必是被对方尊重和认可的人，回应的方式便是真诚地登门拜访主人，否则，会损伤一份感情，导致主人不愉快。亲友之间，更是要捷足先登，在第一时间互相祝福，否则，会造成相互间感情上的隔阂。

"开门迎宾"的活动连王宫也不例外。从开斋节当天开始，文莱王宫连续开放四天。第一天招待各国使节、各部高官和各界显贵，后三天招待普通臣民。苏丹率部分男性王室成员与男性臣民一一握手；王后、王妃及王室女性成员在另外的会客厅接见来访的女性臣民。驻文使馆参赞以下的官员和职员、外国游客、外籍劳工都可在这三天中畅通无阻地进入王宫。王宫随时备有丰盛饭菜、糕点和水果，招待所有来客饱餐一顿，走时还赠送每人一个印有王室特别标志、装满各类马来点心的食品盒。苏丹高居国位，却又躬身与民同乐，这既是开明，也是感化，也许，这正是君主制国家社会秩序的稳固剂。

开斋节期间，每位小朋友都会收到一个绿色的信封，里面是长者赠给小孩的"压岁钱"，即是文莱式的"红包"了。一家之主口袋里往往备有若干这样的绿色"红包"，或称"绿包"更为合适，遇到小孩上门随手掏出一个。有的人家指派专人站在门口，手拿一叠"绿包"，一个一个小孩发下去。一些皇亲国戚和达官贵人家中，会有成群结队、土著装束的儿童上门，必定是为那可爱的"绿包"所吸引。

二、圣纪节

圣纪节是为纪念伊斯兰教创始人穆罕默德的诞生和逝世而形成。因为伊斯兰历十一年三月十二日，即公元632年6月8日是穆罕默德的逝世日，伊斯兰历纪元前五十一年三月十二日（公元571年4月21日）也是穆罕默德的诞生日，因而将生日与忌日合并纪念，故称"圣纪"。这天，各清真寺装饰一新，穆斯林会到寺内聚会，相互问候、祝福。做礼拜时有阿訇念经、讲经、赞圣、捐献"功德"。寺内宰牛羊、备酒食，招待聚会者。

穆斯林们重视圣纪节日，只为纪念使者先知——穆罕默德的美德和历史功绩，不忘他所传达的《古兰经》的教诲。所以这天的集会主要以讲述伊斯兰历史、回顾先知事迹、诵读《古兰经》为主。为确保讲述内容的真实性和可靠性，一些西亚国家穆斯林群落往往在这一天要请当地著名历史学家和宗教学者开设学术讲座，以示慎重和虔诚。

文莱穆斯林过圣纪节较为特别，在过节前，清真寺、街道和商店都挂写有阿语颂词的横幅，张灯结彩。圣纪节当天文莱苏丹还会在集会上发表公开讲话，每一年会有一个主题呼吁民众遵行。节日的清晨，苏丹带领家属及超过2.5万的穆民徒步游行庆祝。其他国家的大使、非穆民的官员、各界人士皆被邀请观礼。

三、宰牲节

宰牲节又称古尔邦节，或尔德节。古尔邦节与开斋节、圣纪节并列为伊斯兰教三大节日。"尔德"意即节日，"古尔邦"意为献身，故通常汉释为"宰牲节"。

古尔邦节在开斋节后70天举行，在伊斯兰历每年12月10日。这一天，是到麦加朝觐的最后一天（朝觐为期二周），故此，此节日又名哈支节（朝圣节）。每年上万以上的穆民前往麦加朝圣，这是穆斯林所需遵守的五功之一，人一生至少要到麦加朝圣一次。据古代阿拉伯宗教传说，"先知"易卜拉欣老来得子，为了感谢真主的恩赐，常常宰牛、羊和骆驼献祭。一天夜里，梦见真主安拉，安拉启示他宰杀儿子易斯玛尔以表虔诚。当易卜拉欣遵命执行而举起刀子的一瞬间，安拉派遣特使牵一只羊赶到现场，命令以宰羊代替献子。此后，阿拉伯人便形成每年定期宰羊献祭的传统。为纪念这一事件和感谢真主，先知穆罕默德继承了这一传统，将其列为朝觐功课礼仪之一。教法规定：凡经济条件宽裕的穆斯林，每年都要奉行宰牲礼仪。朝觐者在12月10日举行宰牲，其他各地的穆斯林自10～12日举行，期限为3天。超逾期限，宰牲无效。王室成员亦要参与，苏丹王室宰14头羊32头牛，宰后的牲口分别送到四个县区给有需要的贫困者。文莱政府在宰牲节前都要预备大量牲畜给穆民购买以备献祭用，其中包括羊、牛、骆驼等。

四、春节

春节是文莱华人的节日，也是文莱国家法定节假日。按照国家规定，大年初一全国放假一天，以示对华人习俗的尊重和庆贺。虽然是华人的节日，但是整个文莱都弥漫着节日的气氛。春节来临前，文莱的商场会挂上大红灯笼，超市里也到处贴满了"恭喜发财"、"大吉大利"的字样。文莱华人会对家里进行大扫除，挂上灯笼，贴上对联，并在除夕夜吃团圆饭。2008年开始，文莱政府解除了长达46年的禁放鞭炮规定，现在春节不仅能放烟花也能放鞭炮了。春节期间，华人会大开家门，欢迎左邻右舍和亲朋好友登门拜访。大年初一，文莱其他民族的人也会到华人家中拜年。当地马来人还会带小孩外出拜年，主人一般都会给小孩子压岁钱。中国驻文莱大使馆也会在新春期间召开新年联谊会，与文莱华人共庆佳节。

五、圣诞节

圣诞节是基督徒庆祝耶稣基督降生的庆祝日。在圣诞节，大部分的天主教教堂都会先在12月24日的平安夜，亦即12月25日凌晨举行子夜弥撒，而部分基督新教派别也会举行子夜敬拜，此两大基督教分支均会在圣诞夜有报佳音活动，然后在12月25日庆祝圣诞节；而基督教的另一大分支——东正教的圣诞节庆祝则在每年的1月7日。《圣经》实际上并无记载耶稣诞生日期，圣诞节是后人公定的。

在文莱，圣诞节全国放假一天。文莱有将近10%的基督教徒，对他们来说圣诞节是一年中最重要的节日。而对于非基督教徒而言，虽然没有了宗教的色彩，但是都会把过圣诞当成一个假日来庆祝。

随着圣诞节的到来，首都斯里巴加湾市的主要街道和大型购物中心都点亮了大型节日彩灯。在文莱的商场和大型购物中心里，都摆放着华丽的圣诞树，悬挂着炫目的彩灯和五彩缤纷的气球，还不时传来欢快的圣诞歌曲《铃儿响叮当》。在处于热带地区的文莱，圣诞树、圣诞老人、雪屋和彩球等圣诞装饰把人们带入"冰天雪地"，让人们感受到冬季的浪漫与温馨。圣诞老人像往常一样，把巧克力糖分发给孩子们。大人和孩子们都抢着与"冰天雪地"的装饰和圣诞老人合影留念。

六、元旦

元旦在每年公历1月1日，是文莱的全国性节日。文莱人会以各种方式相互祝福，苏丹通常会发表全国讲话。

七、国庆节

1983年5月，文莱宣布英国将于1984年1月1日放弃其掌握的文莱国防和外交权力，文莱正式宣布独立。1984年1月1日，文莱苏丹宣布，文莱成为一个完全独立的国家，并"永远是一个主权、民主和独立的马来穆斯林君主制国家"。1月1日是文莱的独立日，但并非国庆节。1984年2月23日，文莱在首都斯里巴加湾市举行盛大的独立庆典，来自世界70个国家的嘉宾，其中包括君王、国家元首、政府首脑、部长及使节参加了这一盛典。此后，文莱政府便将2月23日定为国庆节。

国庆节当天，文莱政府会在赛福鼎广场举行游行集会活动，苏丹会检阅由三军组成的仪仗队。国庆节是不分民族和宗教的，政府部门、教育机构、社会组织、商会等都会组织队伍参加集会。各地也会举行相应的庆祝活动，举国上下一片欢腾。

八、文莱皇家武装部队建军节

1961年5月31日，文莱建立了皇家军团，独立之后改称文莱皇家武装部队。此后每年的5月31日就成为了文莱皇家武装部队的节日——建军节。建军节当天会举行相应的庆祝活动，如阅兵、武器装备展示，或是公益和慈善活动等。

九、苏丹诞辰

苏丹诞辰是文莱最重要的节日之一。文莱现任第二十九世苏丹哈吉·哈桑纳尔·博尔基亚于1946年7月15日出生于斯里巴加湾市。

庆祝苏丹诞辰通常会提前半年开始准备。到6月中旬，文莱的政府部门、学校和民间团体会在各个城市要道设立精心设计的祝寿牌楼，拉上祝寿横幅。从7月15日开始的一个月，全国从城市到乡村都会为苏丹举办各式各样的生日庆祝活动，包括阅兵、授勋、文艺表演、艺术展览、体育比赛和宗教活动等。

7月15日上午9时，文莱皇家警察乐队开始演奏国歌，军乐鸣放礼炮，拉开苏丹诞辰庆祝活动的序幕。苏丹会在斯里巴加湾市中心广场检阅文莱皇家武装部队海陆空三军、文莱皇家警察部队仪仗队及相关部门组成的方阵。随后，苏丹在王宫册封各界有功人士。晚上在王宫举行盛大的生日宴会，王室成员、政府大臣、受封人士、外国驻文莱大使等人员均会受邀出席。与此同时，文莱的驻外使馆也要举行盛大招待会，以示庆祝。国内的报纸、电台和电视台要为此发表社论或播送专题节目。

十、稻米收获节

文莱土著达雅克人现在仍然保持着一种庆祝丰收的仪式，在每年的收获节举行。这一古老的传统可追溯到古代刀耕火种的年代，流传至今已有千年以上的历史。节日持续3天，邻村客人到达的第3天是欢庆宴会，也是节日的最高潮。大家用新收的米、新鲜的肉、鲜嫩的竹叶裹成圆形的粽子，长蒸慢煮，制作节日的特殊食品"科鲁彼"。香喷喷的"科鲁彼"从各家各户端上来，交汇在村中心。举村同食，团聚一堂，既感谢神灵赐福庇佑，同时庆祝本族人丁兴旺、五谷丰登。

第四节 其他习俗与禁忌

文莱是一个信奉伊斯兰教的国家，人民严守伊斯兰教规，崇尚伊斯兰礼仪，文莱人热情、好客，其风土人情有着浓郁的伊斯兰与马来色彩。

一、产妇禁忌

在文莱的马来人当中还保存着一些产妇的禁忌。妇女产后7天方可下床在室内短时间走动，产后44天内禁止随意进食，禁止外出，禁止做任何家务劳动。过去，产妇生病只能吃接生婆给的药。禁忌期满，即产后第45天，产妇要用掺有柠檬汁的水洗澡，以示禁忌解除。同时，在家庭范围内举行庆宴。从此产妇便可以像平常一样自由行动。现在，城市里多数产妇，尤其是受过教育的人，都愿意到医院生孩子，也不再恪守"44天禁忌"。

二、诞生礼仪

在人的一生中，诞生礼仪是人生开端之礼。家庭及家族都是以血缘关系为纽带组成的，婴儿的出生预示着家庭及家族的血缘得以继承，所以，婴儿父母和整个家庭乃至家族对新生儿都十分重视。人们通过举行一定的礼仪（如接生礼、剃头礼和命名礼等）来表示迎接一个新生命的诞生以及家庭和社会对他或她的接受，这些礼仪既有为新生儿祈福贺吉的意思，也被认为有为母子驱邪除瘟的功能。

三、成年礼

阿拉伯语称成年礼为"海特乃"，也就是"割礼"。割礼在伊斯兰教教义上是一件重大的净化礼节，也是人生必经的一种礼仪。割礼相当于成年礼仪，没有经历割礼的人不能结婚。如今，举行割礼已经成为马来人几乎可以和婚礼相提并论的大喜事。受割礼的男孩儿一般10至12岁左右，必须已学完《古兰经》。

割礼日期确定后，父母以口头或书面形式邀请亲朋好友及全村居民参加。举行割礼仪式的前一天下午和晚上，行割礼的孩子便开始洗澡、理发，然后穿上新郎结婚礼服式的新衣服，坐在椅子上。有条件的父母还特意为孩子准备新人婚礼专座式的椅子。落座前，孩子也像新郎那样，由一群人伴随和陪送。如果行割礼的孩子会读《古兰经》，则要先坐在椅子前面的一块小席子上，面对客人高声诵读《古兰经》的最后一些章节，然后送给每位客人一朵特制的蛋花。教授孩子《古兰经》的老师通常和孩子的父母坐在一起，行割礼的孩子要赠送给老师一套新衣服。当晚的仪式结束前，行割礼的孩子要俯身亲吻老师的手，并向客人一一问候。最后，向所有出席的长者敬上食品。

在农村，割礼多由酋长主持，由割礼师执行。各地马来人都举行割礼，但其具体操作程序有细微的差别。在有的地方，行礼当天清早，孩子的父母就忙着迎接客人。割礼师自然要受到非常热情的接待。割礼师一到做环切术的那间房子所在的庭院，主人就要向他身上撒湿米。这既表示欢迎，也表示希望手术成功。孩子父母还要捧上一个槟榔盒，送给割礼师留念。盒内有槟榔、蒌叶和甘蜜，还装有诸如一个戒指、一条金链和现金等物。

割礼开始时，受礼的男孩子坐在割礼师面前。割礼师喃喃低诵咒语，并给孩子戴上一张小符咒，随后，就领着他到河里沐浴净身。到河边后，割礼师向泛着涟漪水波的河中掷入一杆梭标或长矛。因为马来人认为这样做，孩子们洗澡时就不会受到妖魔鬼怪的侵害。接着，孩子跨进装满水的小船，在船中沐浴两三个小时。沐浴时，割礼师念咒语，男孩子蹲坐在水中，并向沐浴处四周扔碎陶瓷片。男孩在水中沐浴后，肌肉收缩而变麻木。之后将该孩子从船中带出，列队送回屋内。进门前，他将再次用特制的水清洁一下身体，以确保卫生。

沐浴后，将孩子带进屋，进门时再撒些湿米，并默诵赞颂先知的经文。割礼即阴茎包皮环切术，其工具除刀片、镊子、各种药物以及割礼师随身携带的其他用品外，还包括一大张香蕉叶、一根香蕉树杆和一些灶灰。香蕉树杆大约有一米长，它是割礼中最重要的东西，因为在包皮前端切开后可以将镊子和刀片嵌入香蕉树杆中，再将一片放有灶灰的香蕉叶铺在香蕉树杆底下。这样，血流出来时，就可吸入灰内。孩子背完两篇向伊斯兰教表忠心的经文，割礼师就迅速在孩子的包皮上划一道刀口。典礼进行时，站在帘子另一侧的宾客们背诵经文，乞求真主保佑。除了赞颂先知外，也为了掩盖动手术时孩子发出的尖叫。

手术后，孩子被安置在一顶"鹿式蚊帐"下，这种蚊帐其实是一条毯子，从中间扎起来，吊在一根长绳上。在男孩双腿间横放一根大姆指粗的竹棍并将两头绑在大腿上，以防擦痛刚环切过的伤口。有些地方的男孩儿会在割礼举行之后，坐着轿子或汽车游村或游街。后面跟着亲威朋友，他们每人手持一面小鼓，边敲边唱，以示庆祝。

割礼之后3天内，割礼师多次去看望行过割礼的男孩儿。割礼后有许多忌讳。如新受割礼的人不得吃第二份食物；不准触碰尖锐的东西，如钉子、野姜枝等。根据现代医学研究表明，男孩进行这种阴茎包皮环切手术，可以防止患阴茎癌。现在，为了安全便捷，越来越多的人把孩子送到医院，让医生为孩子作阴茎包皮切除手术。

在马来人居住的不同国家和地区，尽管割礼实施办法有细微差别，但其目的和功能却是一致的。割礼作为马来人的一种成年礼，一方面，人们通过它确认本村落的男孩成为正式的社会成员，经过肉体痛苦的考验，希望男孩具有男子汉不畏艰难困苦的勇敢精神。另一方面，人们还将割礼与婚姻联系在一起，其意在于赋予青年男女以婚恋的权利。没有通过这一环节的男女，其婚媾则被认为是不合法、不道德的，将会受到社会的广泛谴责。

四、姓名文化

世界上多种文明对起名字没有什么法律规定或原则的要求，但是伊斯兰教要求成为父母的穆斯林必须为自己的儿女选用一个好名字，这是一个很重要的责任，代表了孩子的权利和未来的人格。伊斯兰教义认为，一个人的名字要在今未两世使用，其重要性不言而喻。而且，起名不仅要便于子孙们的记忆，名字所寄托的祈愿还要成为他们奋斗的目标。

　　文莱人只有本身的名字，没有固定的姓，一般都以父亲的名字作姓。马来人取名有几种方式，根据大自然的现象起名，如山、水、暴风雨等；以梵文取名，如汉都亚、敦·特查等；采用伊斯兰教名和阿拉伯名字，如穆罕默德、拉赫曼、法蒂玛、卡蒂加等；现代有人将夫妻名字合起来为子女命名，如夫名叫帕迪，妻名叫罗丝，女儿便取名为罗丝帕迪亚。在一长串名字中，前半部分是本人的名字，后半部分是父亲的名字，中间以bin（意为"之子"）或binti（意为"之女"）连接。文莱人同名的很多，但易于区别，本人名字相同，但父亲名字不同，混淆的情况就不会发生了。

　　名字里有名有姓有性别还不够，称呼文莱人时，需要在他们的名字前面加上尊称，普通男性名字前加尊称阿旺（Awang），女性一般在名字前加尊称达扬（Dayang）。名字里还可以反映出家族、社会地位和是否去麦加朝拜过。名字前面冠以"东固"，表示出身于王族；冠以"敦"、"坦斯里"、"达图"（Dato），那便是国王、各州苏丹或州长颁发的勋衔。去过麦加朝圣的穆斯林，男子的名字中加上"哈吉"，女子的名字中加上"哈贾"。

　　王室成员及与王室有亲戚关系的人的名字前要冠以"本基兰"（Pengiran）的称谓。非王室成员的达官显要和有功人士被苏丹赐"佩欣"（Pehin）、"达图"等封号后，他们的夫人就被称为达丁（Datin）。当面称呼对方时，一般不直呼其名，可简单称为"本基兰"、"佩欣"、"达图"、"达丁"、"阿旺"、"哈吉"、"哈贾"等，以示对他们的尊重。

五、宿命论

　　文莱马来人有一种传统的宿命观念，即人的一生命运如何，取决于四大因素：个人命运、妻子命运、孩子命运和铁器命运。如果以上四种因素中的一种能起变化，便可使人生的命运发生转机。个人命运不好的人可能会在娶妻后走运，希望依靠妻子来转运。如果婚后依然运气不佳，便等待孩子带来福运。若后代仍不能使自己福星高照，便只能看自己珍藏的铁器运气如何。文莱马来人认为，无论何种铁器，都会对人的一生产生影响。铁器的命运可通过观察铁器的外表、分辨铁器的声音等办法来检验，但最常用的是拇指测量法。这种方法一般只用于测量武器，比如测验一把收藏的克里斯短剑，须用两手拇指交替测量短剑的剑身部分，用右手拇指测量时口念"生"，用左手拇指测量时口念"死"。如测量完毕时拇指落在"生"上，则证明武器会给收藏者带来好运，反之则是带来厄运。

六、渔民的禁忌

对生活在海边的渔民来说，强大而神秘的大海使他们有着由衷的敬畏，由敬畏而产生许多禁忌，也是自然而然的。各个地方的渔民各有各的禁忌，文莱渔民的禁忌宗教色彩更浓一些。他们视捕鱼工具如自己的生命，是圣洁的，如果捕鱼工具被牲畜、家禽或人踩踏过，他们会愤怒不已。正在经期的妇女是不能触摸渔具的，否则必将触怒海神，招致灾祸。一旦上述情况发生，必须将渔具用草药水喷洒，然后用香火熏或用洗涤剂清洗。

在海上捕鱼时，要谨言慎行，不得大声吵嚷，不许说粗话等。如遇到猪、猴等动物，不可直呼其名，更不可招惹它们，不然，此次出海便不会有满意的收获。看到自己捕的鱼跑掉，不可生气，更不能责骂。在海上遇到异常物，应置之不理，不得故意打扰。渔民们相信，招惹异常物会大难临头。[1]

七、日常礼仪

文莱人一般不大声说话，在公共场合也不喧哗吵闹。骂人、当众斥责别人都被认为是粗俗的表现。见到生人或朋友时，一般要按其身份称呼，以示尊重。马来族男子见面时极有礼貌，一般是一边举起右手放在胸前，一边深鞠躬，有时也握手致意。年轻人与长者握手时往往略微弯腰，两手相握后缩回，到胸前轻触一下，以示真诚，有时还吻一下长者的手背。受宗教传统影响，部分马来人，特别是男性长者，不与异性握手。因此，在社交场合，和异性马来人打交道时，一般先要观察对方是否有握手的意向，不要主动伸出手去。

文莱人不可用食指指人或手心向上用食指内弯叫人，而要把四指并拢内弯成半拳，手心向上，大拇指紧贴在食指上挥动。在招呼别人或叫出租车时，也不要用食指，而是挥动整个手掌。在递接物品时，一定要用右手。在文莱穆斯林看来，左手是不洁净的。在不得不使用左手时，一定要先向对方表示歉意。在文莱不允

---

[1] 刘新生、潘正秀：《列国志·文莱》，北京：社会科学文献出版社，2005年版，第25-26页。

许触摸别人的头、背。文莱人认为，被摸了背会遭遇厄运，被摸了头更是最严重的侵犯与侮辱，将带来灾祸。

文莱人在公共场合走动时也有一定的规范。如果从有身份的人或长辈面前经过时，要把靠近别人的那只手下垂贴着大腿外侧，弯着身子轻步快速走过，不可挺直腰板从别人面前大摇大摆地走过。进入清真寺或到穆斯林家中拜访时，进门前要主动脱鞋，放在楼梯口或门口，以示尊重和清洁。在清真寺内，不要从正在祷告的人面前走过，也不要触碰《古兰经》。非穆斯林女性一般不能进入清真寺，但随着近年来外国游客增多，在非祈祷时间，非穆斯林女性可以入寺参观，但须穿上清真寺特制的黑色长袍。

文莱人对坐姿也有很多讲究。在正式场合，无论坐沙发还是椅子，都不能跷二郎腿或两腿交叉，更不能两腿不停地抖动或两腿膝盖向外趄开。也不能把腿架在桌子、茶几或沙发背上。席地而坐时，女士的坐姿是两腿并拢，膝盖倒向一侧，两腿伸向另一侧；男士的坐姿是两腿交叉，两膝外趄，两手互搭胳膊平放腿上。庆典活动中，一般是男女分开坐。如开斋节苏丹与王室人员接见臣民时，男女分别在不同的大厅，或在同一个厅内，分开在两侧落座。在宴会上，男的坐一边，女的坐一边。

文莱是穆斯林国家，禁止饮酒，也禁止公开出售含酒精的饮料，包括烹饪用的料酒。整个文莱没有一间酒吧，也没有卖酒的地方。文莱人认为拿着食物在公共场合吃是不文明的举止，人们除了假日到公园野餐外，一般不拿着食品在外面边走边吃。斋月期间，穆斯林从日出后到日落前不吃食物，非穆斯林不宜在他们面前吃任何食物。

第七章　物质文化

第一节　饮食

一、日常饮食

文莱饮食类似于马来西亚，口味偏重，以米饭和面食为主，喜欢吃辛辣食品，无论什么菜都喜好加上辣椒或咖喱。椰浆是必需的调味品，辣椒、大蒜头和洋葱也是必备食品，在多数文莱人看来，没有生辣椒和生蒜几乎无法就餐。文莱人还酷爱甜食与油炸食品，其烹调方法大都采用油煎和熏烤，汤类很少，炒菜用油常以椰油为主。鱼常被做成咸鱼、鱼干和酸鱼等。总体来说，文莱穆斯林的日常饮食完全服从《古兰经》的规范，强调清真饮食，禁烟禁酒。

文莱马来人在家里做饭时，会把做好的饭菜放入大碗或竹制容器中，置于草上或地毯上。辣椒等佐料盛放在椰壳做的碗里，放置一旁方便食用。马来人用餐一般不坐在椅子上，而是席地而食。男人盘腿而坐，女人则跪坐在地上，身体稍向右偏。上了年纪的妇女才有资格像男人一样盘腿坐。马来人习惯用右手抓取食物，因此进餐前必须将双手清洗干净。在各种食品菜肴之间，放着几碗清水专供清洗手指之用，在用手取食物之前，出于卫生人们都会把手放在水碗中沾湿一下。取菜时虽是用右手，但不能直接用手取菜盆里的菜肴，还必须借助筷子（文莱的筷子其顶部是连在一起的，与中国人常用的筷子有所不同）或汤匙，先将饭菜夹入自己面前的食盘里，之后才用右手一一送入口中。当不得不用左手取餐具或送食时，应事先表示歉意。因为在马来人看来，左手是不清洁的。当然，如果是左撇子或是右手有残疾的人，也可以用左手进餐，但这样的情况只是少数。

当有宾客来访时，热情的主人不会问客人"想吃点什么"，而是直接拿出马来糕、点心、槟榔、蒌叶、冰水、咖啡等各式食品和饮料招待来宾。此时客人不应拘谨客气，最好的作客之道就是必须都尝一点喝一点，以表示领受主人善待之意。若客人对主人的食物不吃不喝，则将被视为对主人的极大不尊敬，也必然引起主人的强烈反感。因马来人禁止饮酒，故在用餐时，不以任何酒类招待客人，待客饮料有发酵的椰汁、热茶、冰茶、咖啡等。客人告辞时，主人会表示出惜别之情，并邀请对方下次再来。

由于大部分文莱人都是信仰伊斯兰教，因此在文莱超级市场内鲜见猪肉出售。但为照顾文莱华人的生活习惯，近年来在某些华人开的超级市场内，也可以看到有专辟一块较为隐蔽的区域出售猪肉，这样的情况已为文莱政府所默许。鸡、牛、羊等牲畜宰杀时都要举行有阿訇念经的伊斯兰仪式，之后这些畜禽的肉才能出售和食用。

文莱人喜欢饮用浓咖啡，他们的早餐饮料大都是咖啡牛奶。槟榔和蒌叶也深受文莱马来人的喜爱。嚼槟榔和蒌叶是文莱人茶余饭后的消遣，在日常生活中随处可见，尤其是文莱妇女们更爱嚼槟榔。她们出门时都会随身携带一只长方形的小铁盒，里面装的便是槟榔、蒌叶、石灰之类的东西。嚼槟榔、蒌叶的方法各地不同，或将槟榔切成小块，每次嚼一块；或用蒌叶包一块槟榔及适量石灰，一块咀嚼。文莱民间认为，咀嚼槟榔、蒌叶，可除口臭，保护牙齿，亦有提神醒脑之功效。嚼槟榔、蒌叶不仅是文莱马来人的喜好，也是东南亚各国和中国南方一些民族（如壮、黎、傣等）的习俗之一。

图7-1 文莱糕点

图片来源 http://z.mafengwo.cn/wiki/12650-1.html。

甜食也是文莱人的最爱，人们经常用糯米粉、椰蓉、椰浆、芋头与热带水果等食材做成各式甜点招待客人和自己食用。这类甜食在马来语中叫kuih（糕点），与另一种米粉做的叫"果条"的小吃都来源于中国福建省。文莱人在活动期间一般都有茶歇，其食品多半就是这种叫kuih的点心。中国饭菜在文莱很受欢迎，不过有身份的文莱人只去特定的几家符合清真要求的中餐馆用餐。私人宴请吃中餐，更是要在特定的清真中餐馆请厨师来做。

简而言之，文莱人在饮食习惯上的特点如下：主食以米饭、面食为主，副食喜欢牛肉、羊肉、鸡肉、鸡内脏、蛋类等；常见蔬菜为黄瓜、西红柿、菜花、茄子、土豆等；常用调料为咖喱、胡椒、辣椒、虾酱等。在制法方法上偏爱用炸、烤、煎、爆、炒等烹调菜肴。在口味上喜欢辣味和甜味，不爱太咸。在饮料方面，喜饮咖啡、可可和红茶，也有人私下饮用果酒和葡萄酒。比较喜欢的水果有椰子、芒果、榴莲、巴梨、杨桃、苹果、葡萄、荔枝和香蕉等。

二、特色美食

虽说文莱是伊斯兰国家，但其清真食品品种丰富、口味独特，一点儿都不缺美食，相比其他伊斯兰国家，这里的美食更是独具特色。文莱著名的特色小吃有很多，比如：

图7-2　沙爹

图片来源 http://www.761.com/2012-11/46601.html。

沙爹：马来风味食物以"沙爹"（烤鸡、羊肉串等）尤为出名，类似中国新疆维吾尔族的烤羊肉串，是各种宴席上不可缺少的一道特色菜。沙爹代表了南洋的风情，在文莱的游客必定都要特意去品尝沙爹。沙爹的制作方法是，先将腌制好的牛肉、鸡肉、羊肉放在炭火上烤制，之后蘸上由椰子酱、花生酱加上虾仁制成的沙爹酱，制成地道的沙爹。其中烤鸡屁股是文莱人最爱的沙爹品种，是文莱小吃界最著名的"夜市之王"。烤沙爹的人多半都是马来人，他们戴着宋加帽，坐在木凳上，一边在沙爹上面涂椰油，一边用葵扇来煽火。吃沙爹最好的时间是在晚上，在夜色朦胧的海滨椰树底下，火光闪闪，远灯如豆，残月斜照，海浪哗哗作响，椰树亦沙沙和奏，一串一串沙爹刚刚出炉，香气扑鼻，味道浓香无比。吃着美味的沙爹，如果再配以用椰子叶包裹的文莱米饭并加上小黄瓜和洋葱，耳边响起一声声悠扬的马来情歌，真是惬意无比。

椰浆饭：椰浆饭（Nasi Lemak）本是印尼日惹王宫的宫廷菜，是王室贵族们非常喜欢的菜肴，如今也成为文莱的特色美食之一。单是看椰浆饭的外表，便知道它是极具马来风味的美食。用芭兰叶将以椰浆制成的米饭包裹起来，再加入各种名贵的香料，这样煮出来的椰浆饭鲜美可口，裹住的不仅是饭，还有食物本身的香味。在米饭内加入鸡肉以及红色的辣椒酱、绿色的黄瓜、金色的油炸小鱼干，再搭配几种配菜，如红烧肉、调味炸鸡或煮蛋等，如果再配上用香料调制出的饮料，如同在感受曾经的王室生活。

西米饭：文莱极具特色的传统美食，很受当地人青睐。将椰子树芯磨成粉，加入热水搅拌，冷却后便形成浓稠剔透的样子，蘸上特制的调料或是搭配不同的蔬菜来食用。西米饭本身口感软糯，与以虾肉、榴莲、酸橘、辣椒等食材制成的酸甜酱料一起入口，味道独特。

虾片：虾片也是文莱的传统特色美食，深受当地人喜爱。文莱生产的虾片除少量销往迪拜外，基本都是自产自销。所以想品尝正宗的文莱虾片，就只能在当地购买。正宗文莱虾片为巴掌大小，刚出锅的虾片香气扑鼻，其口感与其他虾片相比更为鲜香酥脆，让人欲罢不能。

拉茶：拉茶是文莱人最喜爱的含茶饮料，里面还有牛奶成分。拉茶的制作除了配料要求严格外，关键还在于"拉"的技术。通常人们利用两个杯子，将装茶水的杯子抬高，往另一个杯子倾倒，拉得越长，起泡越多，味道就会越好。正是由于对茶汤的反复拉制，使茶汤和炼乳的混合更为充分，并且使牛乳颗粒因受到反复倒拉、撞击而破碎，形成乳化状态，使其既能与茶汤有机结合，又能使茶香和奶香获得充分发挥，奶味和茶味完美搭配，恰到好处。

三色奶茶：文莱特色奶茶，底部是棕黑色的椰糖或小麦糖，中段是白色的牛奶，顶部则是橘色的茶。虽为简单的奶茶，却以极富创意的色彩样式呈现在食客面前。饮用时应先将奶茶搅拌均匀，然后细细啜饮，体会椰糖的甘甜和茶的芬芳。

五彩点心：软糯的棕糖糕、清爽的薄荷饼、香脆的椰丝卷，文莱的糕点总能给人带来别样的味觉惊喜。文莱人喜爱色泽艳丽的食物，似乎这样才衬得上炎炎热带的浓浓风情，于是将每一块糕点都做得五彩斑斓，这些小小的糕点透着诱人的椰香，仿佛一道道盛开在餐盘中的彩虹，常让游客们爱不释"口"。

除了许多特色小吃，在文莱也有很多高档的特色美食，如文莱蓝虾。文莱蓝虾又名墨西哥蓝虾，其天然产地在大西洋墨西哥附近海域。文莱地处赤道无风带，全年天气良好，且海域不受工农业污染，非常适合水产养殖业的开发。因此文莱政府从1999年开始重视蓝虾的养殖计划，发展十余年，没有出现过任何病毒爆发的记录。蓝虾在文莱的养殖要求非常之高，它们生活在1.5米深的养殖池内，平均每平方米水域只放养10～15只蓝虾。如此宽敞无污染的养殖环境，比起在东南亚其他地方大量养殖、缺乏生活空间的白虾，文莱蓝虾有着充足的活动空间。

文莱蓝虾为绿色有机认证食材，无抗生素、保鲜剂及重金属污染，且营养丰富，可谓是高营养又不会造成身体负担的虾中极品，因此成为文莱王室的御用虾品，同时也是世界公认的三大优良虾种之一。文莱蓝虾乍看灰暗，光照下却现漂亮的蓝色斑点，可谓低调而华丽。即便是在送上餐桌之前，文莱蓝虾也要经过最高的礼遇，其解冻的过程十分复杂。蓝虾的须子长且直，解冻时，必须尽可能轻地打开包装，否则一旦弄伤须子便难保蓝虾的完整性。打开包装后，用棉纸将蓝虾逐只包起，摆在可以漏水的托盘上，之后将其置于0～5℃的冰箱，自然解冻6小时。再用干净的纸将水分吸除，才算完成解冻。这个过程，要求动作轻柔且耐心，方可令蓝虾的美味发挥得淋漓尽致。

第二节　服饰

虽然文莱拥有较高的生活水平，但这个国家深受传统文化与宗教的影响，服饰传统在文化大融合的时代仍得以较为完整地保存了下来。在文莱的大街小巷仍然能够看到极具特色的传统服饰。日常生活中，文莱人喜欢穿一种上下花色图案相同的长衫套裙，这种套裙名为"巴朱古隆"（baju kurung）或"巴朱格巴雅"（baju kebaya），上衣长至膝盖以下，裙子则盖过脚面。和中国古代一样，在文莱，黄色是帝王的象征，因此男女老少着装都忌穿黄色，如一些大型活动的请帖上都会明确注明不能穿黄

图7-3　美丽的文莱少女
图片来源 http://gb.cri.cn8606200
611031806@1285309.htm。

色衣服。文莱人很注意衣着干净整齐，无论在什么场合，很难看到蓬头垢面、衣衫褴褛的人。

也许是地处热带的缘故，文莱马来人的服装，不论男女都显得宽肥凉爽。一般情况下，男士服装以干净齐整为好，但在正式场合，根据活动的性质，有时穿"纱笼"（sarung），有时穿西服。有时上身着"巴迪克"（batik）长衫，下身穿西裤。"巴迪克"是一种蜡染的布料，编织手法细腻，其上的图案设计精美，讲究对称，马来传统的礼服多由这种蜡染的布料缝制而成。最正规时穿成套马来礼服，腰部至腹部围着一块本国手织围腰。围腰的质地优劣反映男士身份的高低与贫富。有的围腰以金线织成，价值甚至高达数千美元。马来族的男人头上也戴头饰，经常可以看见头戴黑色圆锥形天鹅绒帽子的男性，到圣城麦加朝圣过、获得"哈吉"称号的人则戴一种叫做"可达雅"的白色帽子。女士着装更加保守，不能穿袒胸、露背、透明、紧身的衣服，特别是不能把膝盖以上的大腿暴露在外。根据穆斯林的习俗，女子到了青春期必须戴头巾，也有部分父母会在女儿年幼时就要她们上宗教课，开始戴头巾。文莱马来妇女所戴的头巾样式较多，可根据本人喜好而千变万化，所以，我们在街上可以看到许许多多的马来妇女戴着各式各样、五颜六色的马来特色头巾。到清真寺祈祷时，他们一般都穿白色长袍。非穆斯林女性一般不能进入清真寺，但近年来外国游客在非祈祷时间，穿上清真寺特制的黑色长袍也可进入参观。重大庆典时，男女分开就坐，白天着装为黑色，晚上为白色。应邀出席的客人也是如此。[①]

在马来式头饰中最有名的要数苏丹戴的通可罗，它是君主身份的标志，他人不得随意模仿。苏丹的头巾甚至还被称作"永远的回忆"。苏丹及其继承人、大臣、阁僚的头巾一般使用代表高贵的黄色和白色，头巾的包裹也有特定的方式，一般人不得模仿，在舞台上表演除外。

马来人的衣料有布和绸两种，多为单色，上有手工编织的金黄色图案。服装的价格除了看布料质地优劣之外，也与布料上面的图案密切相关。用来缝制沙笼的绸和布图案优美，编织细腻，是马来人民间传统的手工艺。这些丝绸和布匹设计风格具有浓郁的马来情调。人们所穿的纱笼，除了遮身蔽体之外，吊挂起来就

---

① 刘新生：《天堂秘境，文莱》，上海锦绣文章出版社，2010年版，第51页。

变成了一个吊床，也可以用来当盛放杂物的布袋。

　　由于身着宽长的马来服装工作时活动不太方便，时下在各个城镇中的文莱马来族男女，不论是公司职员还是普通工人，上班工作时，通常都穿贴身轻便的西装。在工作之余，尤其是节假日，不管是在家还是在清真寺，也不论是探亲访友还是外出游玩，马来人还是喜欢穿上自己民族的传统服装。

图7-4　文莱传统服饰

图片来源 http://suporn2514.blog.163.com/blog/static/15922101020128904557355/。

第三节　民居

　　文莱终年风调雨顺，既无天灾也无人患，就连邻近国家多发的地震、火山爆发、台风、海啸等，对这个国家也没有造成太大影响，这也使文莱成为令人神往的"和平之地"。由于文莱人口稀少，气候炎热多雨，现代文莱人兴建的住房大多是两层，下层日常生活，上层起居。文莱典型的马来人村寨往往由几个住宅区组成，各区之间隔稻田。马来语称村寨为"坎棚"（kampung）。村寨或位于道路两侧，或江河岸边，或山谷里，每户住宅周围都栽有椰树或其他果树。具有文莱独特风格的传统民居主要有水村、长屋等。

一、水村

图7-5 水村

图片来源 http://www.chujing6.com/info/3677.html。

在文莱首都斯里巴加湾市文莱河上，伫立着一排排人字形屋顶的高脚屋，这就是颇具文莱民族特色的文莱水村（Kampung Air）。相传在一千多年前，斯里巴加湾所在的冲积平原被原始森林包围，常有野兽和虫蛇出没，为了安全起见，文莱人想出在水上建造房屋的主意，利用水边唾手可得的红树搭建房屋，形成了最初的水上村落。最初的几位文莱国王就在这里度过了一生，死后才葬到陆地上，因此水村被文莱人看作是文莱王国的发源地。

1521年，随同西班牙航海家麦哲伦远航的意大利历史学家安东尼奥抵达文莱时，对展现在他眼前的水村景致非常着迷，他在航海笔记中将其大书特书了一笔。在漫无尽头的漂泊途中，突然见到如同家乡威尼斯一样的水上村落，自然倍感亲切。后来，安东尼奥在他的《首次周游世界》一书中将文莱水村称为"东方的威尼斯"。据估算当时文莱大约有2.5万户人家住在水村，人口应不少于六七万人。现在文莱水村的人口有所减少，约为3万人，但仍是世界上最大最古老的水上村落。

水村的居民多为马来族人，他们的祖先以捕鱼、编织、制造银铜器具及造船、修船为营生，在这里繁衍生息，世代居住。早期来文的华人也大都住在水村，并多以经商贸易为生。老水村比较简陋，木屋下已辨不清颜色的柱子深深扎在水中，远远看去，一排排人字形屋顶的高脚小木屋层层叠叠，绵延矗立在河上。连接水村家家户户的是木桥、栈道，村村相连，户户相通，如陆地上的街巷。但水村很容易发生火灾，每年都有数起无情的火患，吞噬成片水村木屋。

文莱政府尊重水村居民对住宅意向的选择，一方面积极鼓励水村居民迁徙到陆地，并向迁居家庭提供廉价土地，协助建房；另一方面顺应民意，改善水村居民的居住条件，陆续修建了钢筋混凝土结构的新型水村住宅。新建的水村住宅可分为两室两厅、三室两厅和四室两厅，住户每月象征性地向政府交纳房租，二三十年后他们的住宅就可以成为私有房产。这些房屋的建筑用料均为耐火材料，村内的交通以水泥道路取代了木桥，因此发生火灾的可能性就少了。村内的垃圾、污水和粪便已能进行科学处理。各户可享受洁净的自来水和罐装液化天然气。水村村民外出时乘坐木舟或汽艇，水陆往来十分方便。

图7-6 文莱水村

图片来源 http://www.fmprc.gov.cn/ce/cebn/chn/wlxw/t290382.htm。

随着文莱经济的发展，水村居民的就业方式也发生了变化。现在真正以捕鱼为生的人已经不多，多数人在政府部门或企业就业，只有极少数人在水村内的小手工作坊和公共设施中工作。如今水村居民中有许多是成功人士，他们收入丰厚，在陆地购置房屋已经不是难事，但有一些人还是选择将自己的家留在了这里，依然乐此不疲地过那种白天在岸上开车、工作，晚上坐船回家享受天伦之乐的生活；依然喜欢在脚蒸水气、耳听浪声的夜晚入睡。甚至有些人在迁往陆地后又再次回归水村，足见这一生活方式对文莱人民的深刻影响。

二、长屋

图7-7 达雅克人的长屋

图片来源 http://blog.sina.com.cn/s/blog_646cd15b0100rkyy.html。

　　文莱土著民族达雅克族多生活在僻远的山区，包裹在原始热带雨林之中，与自然融为一体，沿袭古老的原始氏族公社生活。在泱泱的江河边，就地搭间长屋，就是大家集体居住的场所，而几间长屋就形成一个村落。

　　之所以叫"长屋"，是因为这些房屋有一个共同的特点，那就是"长"。一般的长屋有五六十米，最长的可达近200米，进深也有好几十米，较为壮观。长屋分上下两层，用木桩架空、离地数尺，楼下堆积杂物，楼上有内外廊和居室。外廊稍窄，内廊加宽，是人们室外活动的场所和走道。然后一家一个门进去，直通到最后，是家里的长廊。家里的长廊与外廊形成"T"字形。家里长廊的一侧是一个又一个房间，厨房在最里面。

　　长屋的屋顶一般为两坡面，坡度很大，看上去陡而长，覆盖屋顶的是厚厚的椰树叶、茅草或棕榈毛之类的植物，既可就地取材十分方便，又能达到清凉、隔热、通风、透气的效果。墙和地板均用木料或竹板建成。这种传统房屋构造与当地气候环境密切相关。达雅克人生活在山区，常年湿热多雨。地板离地数尺，可有效防止地面湿气以及毒蛇、老鼠等动物的侵害。高架的结构也可增强通风，降低室内温度。长而陡的屋檐设计，可遮挡窗前强烈的光线，避免其直射屋内，同时也能防止积水，让雨水能迅速从屋顶流下。

过去，一个长屋往往有一个氏族的人居住，头领也住在其中。现在这样的长屋已不多见，一般都只住一个有两至三代血缘关系的大家庭。随着社会的发展，小家庭单独建屋居住的倾向越来越明显。

三、华人居所

华人是文莱仅次于马来人的第二大民族，他们的住宅具有中国南方建筑的特色。房屋的整体设计基本沿袭中国传统的庭院结构，其中往往设有大厅、中厅、内厅、天井、后院及侧院等。大门上贴有对联，一些门上、窗户上会有精美的雕刻。屋内雅致的实木家具古色古香。

第八章 教育与新闻媒介

第一节 教育

文莱政府非常重视教育，将教育发展作为国家发展计划的一个重要组成部分，为国民提供免费的基础教育，采取开放式办教育的策略，积极吸取国际先进办学经验，现已逐步建立起了一个适合其本国文化、传统和经济发展的学校教育结构和系统。由于优越的经济基础为文莱提供了发展教育的资金保障，目前文莱教育发展程度居全球127个国家的第34位。

一、教育概况

20世纪初，在文莱成为英国的"保护国"后，英殖民者逐渐感到需要一些受过西方教育的当地人到殖民统治机构任职，以适应殖民经济开发、巩固殖民统治的需要。另外，随着壳牌石油公司在文莱勘探石油活动的开展，也产生了对有文化的技术工人的需求。于是，英国人开始在文莱发展教育、兴办学校。文莱最初的学校是马来人办的私人学校，专门教授马来语。1918年，英国当局向私人开办的5所学校注入资金，控制了学校的管理权，并引入西式教育。但其中的两所不久后关闭。到20世纪40年代，除了原有的3所由英国殖民当局控制的国立学校外，还开办了3所教会学校，而在华人社区也出现了4所华文学校。1950年，文莱壳牌石油公司在诗里亚开办了一所初级石油技术学校，主要为本公司培养机械工和电工。1956年，文莱政府创立了一所规模不大的师范专科学校，专门为国内的中小学校培养师资。到60年代，文莱新设学校140所，多为国立学校。

1984年独立时，文莱全国共有中小学生5万人，另外还有在国外大学毕业的知识分子600余人。独立后，文莱收回了教育主管权，大力发展教育事业，并开始创办高等学校。文莱的学校共有两种类型，即政府学校和非政府学校，绝大多数学校是由政府设立的国立学校，另外还有少数教会学校和私立学校，因此教育经费占文莱国家财政预算的比重较高。政府向全体公民提供从学龄前到高等教育的一切费用，包括在国内住宿生的食宿、家住离校8千米以上学生的交通费，以及到国外接受国内尚不能提供的一些高等学科的教育所需费用。但非文莱公民，主要是未获准入籍而居住在文莱的永久居民则不能享受免费教育，他们只能在申请获准后才能上政府开办的学校，并要交纳各种费用。

由于政府重视教育，文莱的教育事业发展很快。截至2010年底，共有学校258所，其中小学203所，中学34所，技术和职业大专学校16所，大学5所。在校学生总数为111 920人，教师人数为10 162人。据文莱《婆罗洲公报》2012年6月7日报道，文莱教育部副部长玛赫鲁表示，文莱10岁以上居民的识字率位居世界前列，其中男性为97.7%，女性为95.4%。根据联合国教科文组织公布的数据，文莱教育发展程度位居全球127个国家第34位。根据世界经济论坛全球竞争力报告，文莱初等教育质量位居全球142个国家第20位，高等教育和培训质量为第28位，初等教育入学率几乎为100%。但文莱居民接受高等教育的比例仅为17%，低于东盟30%的平均水平。

图8-1　文莱学生

图片来源 http://travel.163.com/09/0916/08/5JANLOFO00063JSA.html。

二、各类教育简介

文莱的教育制度依照英国的模式，采取7-3-2-2-4制，即小学7年，初中3年，高中2年，大学预科2年，大学4年。文莱政府向其公民提供12年免费国民教育，教学语言以马来语为主、英语为辅,实施双语教学。为倡导和积极发展国民观念,文莱几乎所有学生都要接受伊斯兰教育。文莱中小学每年有3个学期(1～5月,5～9月,9～12月)、205～210个上课日。

(一)初等教育

在文莱,初等教育分为3级:学前教育、初小和高小,学习年限共7年,即学前班1年,初小3年,高小3年。通常学生5岁入学前班,完成学前教育后自动升入初小,此后必须考试及格才能升级。文莱儿童的小学入学率近100%,小学教育的目的旨在培养学生的沟通和读、写、算等基本技能,为学生以后的个人发展创造条件。学前班的课程有马来语、英语、算术、品德、伊斯兰教基础、体育、音乐及个人和社会发展等。初小的课程有马来语、英语、数学、伊斯兰教知识、体育、手工美术和公民课,这一阶段的教育注重对学生创造力和读、写、算能力的开发;高小则在此基础上增设科学、历史和地理等课程,重在增强学生的基本技能和应用双语的能力。在完成了7年的小学教育之后,所有学生必须参加全国统一的"小学证书考试",通过之后才能升入初中。

(二)中等教育

文莱的中等教育由普通中学教育和职业技术教育构成。

1. 普通中学教育

文莱的普通中学教育分为初中和高中,学制6年,其中初中3年、高中2～3年。学生在初中第三年结束时要通过"PMB"(初中考评)考试,通过了考试的学生有3种选择:一是升入高中进行文莱—剑桥"O"级考试或进行"N"级考试;二是进入教授工艺和技术课程的职业技术学校;三是就业。初中的必修课有马来语、英语、数学、综合科学、伊斯兰教知识、"马来伊斯兰君主制"思想、历史和地理8门,选修课有电脑、农业科学、家政、商学、第三语言、木工、铁工、手工美术和音乐9门,选修课也要进行考试。其中"马来伊斯兰君主制"思想课是必修的,但不考试。除了伊斯兰教知识、"马来伊斯兰君主制"课和手工美术课用马来语授课外,其余的都用英语授课,音乐课可用英语或马来语教授。

高中教育在科学、艺术和工艺领域已具有一定的专业性,学制一般是2～3年。在高中二年级,成绩优秀者可参加文莱—剑桥GCE "O"级考试(Brunei-Cambridge General Certificate of Education Ordinary Level Examination),水平稍差的同学可参加文莱—剑桥GCE "N"级考试。在 "N"级考试中成绩良好者也可在一年后参加 "O"级考试。通过 "O"级考试的学生在学习2年大学预科课程后，可参加剑桥 "A"级教育证书考试。其他学生可选择就业或在苏丹哈桑纳尔教育学院、文莱大学、职业技术学院或护理学院学习，还可以出国留学。

高中的所有学生都要学马来语、英语和数学，攻读文科和技术的学生可从农业科学、综合科学和人文生态学中选读第四门必修课；从科学或综合科学、人文生态学、农学、地理、历史、经济学、艺术、音乐、计算机、伊斯兰教知识、英国文学、第三语言等18门课中选修3～4门选修课。攻读理科的学生可从生物学、化学、物理学、数学、几何、经济学和会计原理等7门课中选读至少2门必修课，还必须从地理、商学、会计原理、伊斯兰教知识、马来文学及工艺等科目中选学一门。也可从历史、英国文学、马来文学、伊斯兰教知识、手工美术和其他语言中选修一门。公共选修的科目有：工程学、物理、农学、食品和营养、木工、铁工、工艺、设计、电子学、几何等，至少选2门。

2. 职业技术教育

文莱职业技术教育的目的是为年轻人提供学习并提高技能的机会，主要由职业学校和培训中心、技术学院和培训中心等学校和机构来实施。

职业学校和培训中心录取初中毕业生，学制1年半，开设的专业范围很广，主要有建筑、文秘、设计、机械、木工、电工、装修、缝纫、汽车修理、电器修理等等，同时还开设有农业、林业及渔业课程，目的是为各行业培养技术熟练的人才，学习者培训合格后可获得"国家三级行业证书"，此证书的获得者在工业及商业部门工作获得一定经验后可考取二级乃至一级证书。机械培训中心的学制为1年或1年半，主要招收政府部门在职的人员，培训操作、维修重型建筑机械的人员。

技术学院和培训中心主要为从中学毕业的学生和需要提高及再培训的成人提供职业和技术教育，并颁发技术等级文凭或证书。这类学校主要有：苏丹·塞福尔·瑞贾尔技术学院、杰弗里·博尔基亚工程学院、诺克达·罗根职业学校和苏丹博尔基亚职业学校等。开设的专业涉及飞机机械、机械自动化、商贸和财务、计算机、建筑、资产管理、旅游及服务等约20个领域，毕业时学生可获得文莱职业和技术教育委员会认证的各种水平的证书。全日制文凭课程招收剑桥 "O"

级水平的学生，而工艺级课程则可招收初中毕业生。文莱艺术和手工艺培训中心就属于这类教育机构，该中心直属于文莱文化、青年和体育部，其设立目的是振兴文莱传统工艺和艺术，主要目标是：鼓励人们使用中心提供的设施，以提高工艺艺术的生产和创造力；为对工艺和艺术感兴趣的文莱青年提供必要的培训；推广工艺艺术产品，提高产品的销售量。该中心为那些完成了初中学业，年龄在35岁以下的人提供五种课程：编织、银艺、木雕、铜艺、编篓编帽。学生可获得每月335美元的补助。在前两学年，学生可从成品销售的利润中获取10%，到三年级学生可抽取的利润达50%。

（三）创业教育

由于中小企业可以为各种人群提供各种各样生存和发展的空间和机会，自20世纪60年代以来，中小企业的创建和发展受到越来越多的重视。文莱政府从20世纪90年代开始大力倡导创业教育和培训，在国家发展计划中，政府多次强调创业教育和培训对于发展中小企业的重要性，鼓励一些组织、机构积极提供创业教育和培训，并将中小企业列为国家工业经济发展的重点。创业教育和培训主要是通过教育机构、政府部门和私企通力合作进行的。这些机构和组织主要有：文莱大学，文莱工业和初级产品资源部，文化、青年和体育部。其中文莱大学主要提供商业管理课程，并设立了创业发展中心；工业和初级产品资源部负责全国的创业教育和培训，组织召开中小企业家研讨会和培训会；文化、青年和体育部为不能继续高等教育的青年提供包括小型企业管理和创业教育在内的个人发展培训。此外，包括文莱壳牌石油公司在内的一些企业也参与到创业教育中。

（四）华文教育

华文教育是文莱教育体系的重要组成部分。早在1922年，文莱的华人先辈为了传承中华文化、教育华人子弟，就创办了文莱中华学校，第二次世界大战后初期华校已初具规模。英国殖民时期，文莱政府对华文教育的政策是允许其合法存在，但逐步加强管理和同化。文莱独立后，政府重视对教育的投资，从小学到大学甚至出国留学都实行免费读书，所以文莱的教育事业发展非常快，特别是中小学教育比较普及，在校学生约占全国人口的四分之一。很多华人在文莱的各类学校里从事教育事业。

20世纪50年代以后，大量华人涌往文莱从事石油工作，致使原来当地的华校已不能再满足华人儿童入学就读的需要，扩建华校成为当务之急。据统计，20世纪60年代文莱的华校有6所，1970年增至11所，后来由于城市化的发展，一些农村小学被关闭。目前，文莱的华校主要有文莱中华中学、培英学苑、诗里亚中正中学、白拉奕中华中学、都东中华学校、双溪岭中岭学校、九汀中华学校、那威中华学校和淡布伦培育小学等。早期的华文学校以中文为教学语言，文莱早期的华校，以华文为第一语言，采用香港出版的教科书，学生的英文很弱，马来文更弱。1984年2月，文莱颁布教育政策，规定华文小学必须将马来语和英语作为必修课，但可以用华文作为教学语言；中学大部分课程须以英语作为教学语言。因此，华校一般都执行马来语和英语的双语教育政策，另将华文定为从小学一年级至中学五年级的必修主课。在学校行政、课外活动和人际沟通上用华语、马来语和英语三种语言，这已成为文莱华校的一大特色。而越来越多的非华裔子弟进入华校读书，则成为文莱华校的另一个特色。究其原因，华校良好的师资、先进的设备、优秀的学生对马来人而言无疑也具有强大的吸引力。

图8-2　文莱中华中校

图片来源 http://www.crntt.com/crn-webapp/new/doc/docDetail.jsp。

在文莱华校中，文莱中华中学是文莱成立最早、规模最大的非营利性私立华文学校，经过90多年的办学历程，从最初的22个学生发展到现在的在校生3 200余人，教职员工240余人。学校设有幼儿园、小学、初中、高中和大学先修班，配备了科学室、音乐室、图书馆、电脑室、多媒体教室、网络中心、空调体育馆和室外体育场等。文莱中华中学现在实行三语并重，五育兼修的教学理念。除了教授华语、英语和马来语外，五育则是让学生德育、智育、群育、体育和美育全面均衡发展，塑造符合现代社会需要的、具有良好学识和崇高道德修养的人才。

由于文莱的华校皆属私立性质，因此华人主要通过自筹经费和捐资助学的方式来经营学校。除经费自主外，学校开设的课程、教学媒介语、教师的聘请、学费的定价均受文莱政府教育部管理，学生各阶段的毕业考试也和政府学校一样。此外，就读华校的学生在高中毕业后必须通过全国统考才能获得政府认可。

（五）高等教育

由于历史原因，文莱的高等教育起步较晚，在1985年才有属于自己的第一所大学。但文莱政府高度重视教育的发展，采取开放式办教育的策略，积极吸取国际先进办学经验，使高等教育自开始就得到了较快较好的发展。目前，文莱相对资历较深的高等院校共有4所：文莱大学（综合性大学）、文莱理工学院、拉希达护理学院、文莱古兰经学院。其中大专的学制为2年半，本科学制为4年，研究生学制为2年。

1. 文莱大学

图8-3　文莱大学

图片来源 http://service.aseanchinacenter.org/education/service/2012/6/1/10226.html。

文莱大学全称为文莱达鲁萨兰大学（Universiti Brunei Darussalam, UBD），坐落在首都斯里巴加湾市以北10千米，紧邻南中国海。从建校发展到成为东盟著名学府之一，文莱大学仅用了20多年。1984年获得独立后，文莱苏丹就从国家利益考虑，认为需要建立一所属于文莱自己的大学。之后，在相当短的时间内，在文莱教育学院附近找到几座楼房，进行了一些改造和装修，建成文莱大学临时校舍。与此同时，在国外一些大学的帮助和文莱教育部建校委员会的指导下，制定了第一个学位课程计划。1985年10月28日，文莱大学正式开学。1988年，苏丹·哈桑纳尔·博尔基亚教育研究院整合到文莱大学。1995年，文莱大学迁入现在的新校址。文莱苏丹任该大学校长。文莱大学成立初期的教职员大多来自英国、马来西亚和新加坡，现在的教职员则以本地人为主。在1985年10月正式招生时，文莱大学仅有学生176人，如今其学生人数已超过3 600人。从建校算起，文莱大学已经成功培养出8 000多名毕业生。

文莱本国学生按高中毕业考试成绩或相当于这一级的考试成绩报考该大学。学校招生委员会对申报学生成绩感到满意即通知他到校面试，如果面试也满意，再经过政府承认的医生的体格检查，合格者即可入学。本国公民可享受奖学金。奖学金分两类：一类是文莱政府奖学金；另一类是私人企业奖学金。

作为文莱最大的一所综合性大学，文莱大学以教学、科研和服务社会3条管道向国家提供人力资源和智力支持，成为文莱高等教育和科学研究中心。教学是该校的主要任务，旨在根据国家指导方针，在知识、技能、仪态、道德和精神价值观等方面培养学生，使其成为国家需要的人才；科研是学校的第二大任务，学校鼓励教职员与学生进行科研，特别是从事国家建设与经济发展需要的实用课题的研究；第三大任务是服务于社会，学校鼓励师生走出校园与外界建立联系，为社区提供服务。文莱大学无论在校园环境还是教学设施方面都达到了国际一流水平，但因建校时间短，师资力量不足，教学质量尚不尽如人意。目前学校设有文学和社会科学学院、管理与行政研究学院、伊斯兰研究学院、理学院、哈桑纳尔·博尔基亚教育学院、文莱研究院和医学院等七个学院。

文学和社会科学学院内设5个系，即经济学、英语及应用语言学、地理、历史、马来语与马来文学等。该院还为其他院系提供文科教育学士、研究生教育证书、管理学士等课程。管理与行政研究学院设有公共政策和行政、管理研究2个系，另外还开设商业管理学士和公共政策及行政2个学士课程和公共政策硕士课程。伊斯兰研究学院成立于1992年，设有3种伊斯兰学士课程和1种硕士课程，还为教育学院开设3种伊斯兰学士课程和1种证书课程。理学院设有生物、化学、石油地质、数学、物理、电力与电子工程6个系，开设有多种理学学士和硕士课程。哈桑纳尔·博尔基亚教育学院主要为中小学培养教师和行政管理人员，设有基础教育、心理学教育、语言教育、数学与理科教育、在职教育和教学实习6个系，开设文科教育、文科初等教育学士课程和研究生教育证书、教育硕士课程及马来语教学、教育管理、幼儿早期教育、特殊教育、英语教学等证书课程。文莱研究院有4个分部，即国家马来伊斯兰君主制最高理事会秘书处、教学部、研究部和文献出版部。医学院采取联合办学形式。2003年11月，文莱大学在阿曼苏丹国签署了两个医疗保健课程的协议。2004年初文莱大学和位于英国伦敦的圣乔治医学院签订了一份谅解备忘录，旨在为文莱大学的初级卫生保健专业的理科硕士研究生提供教学，另外还给从事临床医学的医师提供为期三年的在职硕士课程。文莱大学和英国皇家全科医师学会签订了一份合同，英国皇家全科医师学会在文莱大学医学院设立一个国际化的研究中心，此中心主要面向东盟地区。①

2. 文莱理工学院

文莱理工学院于1986年成立，是一所以专业技术教育为主的高等院校，其工程和技术研究方面在东南亚地区名列前茅，在高等教育和研究方面拥有一支由国内外优秀人才组成的科研队伍，并已经建立了世界一流的计算机和实验室设施，是文莱培养科技人才的摇篮。该校建校初期设有商业及金融系、计算机系和电力与电子工程系3个系，目前文莱理工学院设有商业管理系、土木工程系、电脑及资讯系统、交际语言与个人发展、电气和通信工程系和机械工程系等6个系，另设有一个计算机中心。该校同时还提供商务、计算机、工程等领域的国家高等技术学校毕业证书课程。

该校凭借以实践为导向、以工业为基础的课程设置及广泛的研发活动在国内外赢得了良好的声誉。2008年10月，苏丹下令将文莱理工学院升格为大学，但保留了原名。文莱政府在该校设有奖学金，并向一些国际组织、英联邦国家和东盟国家提供奖学金名额。近年来一些当地金融机构与教育部门签订合同，为该校提供资金支持，而该校开始为赞助单位定向培养人才，以减轻政府负担。

---

① 郭元兵：《文莱高等教育述评》，《郧阳师范高等专科学校学报》，2009年第2期，第143页。

3. 拉希达护理学院

拉希达护理学院是文莱唯一培养护理人员的学校。1986年，为满足文莱社会日益增长的医疗卫生服务的需要，文莱政府成立了这所以文莱苏丹长公主名字命名的学校。学校有来自英国、澳大利亚和加拿大的优秀教师资源，他们有熟练的技术和丰富的教学经验。该院还与一些国外专业院校建立了联系，学生毕业后可到国外深造。此外，拉希达护理学院每年会组织学生进行国际性的交流合作，如对新加坡、马来西亚、澳大利亚、美国、英国等国进行访问，这些交流访问学习能够开阔学生的视野、丰富学生的知识和提高他们的能力，促使学生了解所学领域的国际发展趋势。

拉希达护理学院是大专一级的护理教育机构，它提供护理专业课程、接生专业课程，并为注册护士提供高级护理课程，以及其他10个专业的高级课程，包括急诊、重症护理、手术室、社区卫生、儿科、耳鼻喉科、头颈科、治疗护理和助产等专业。

4. 文莱古兰经学院

文莱古兰经学院又称苏丹·哈桑纳尔·博尔基亚古兰经学院，是苏丹个人送给臣民的礼物。该院建立于1993年1月1日，作为一所研习《古兰经》知识和伊斯兰文化的宗教学府，学院是文莱伊斯兰教育不断发展的证明和象征。它的教育目的是：完成宗教责任；增加学习《古兰经》的人数；在任何情况下都维护和保护《古兰经》的精神及纯洁度；让熟读《古兰经》的学生在以后的伊斯兰学习和科学技术学习中获益并接受《古兰经》的祝福和帮助。该院开设4类课程：一类是记诵古兰经和普通中等教育课程，招收有小学毕业证书的12岁及以上的学生；二类是记诵古兰经和学习阿拉伯文，招收13岁以下儿童；三类是开设每周学习一次的古兰经记诵班；四类是为视力有缺陷的人开设全日制课程。

近年来，文莱政府进一步扩大高等教育办学规模，先后成立了几所高等院校，如文莱拉克萨马纳商学院、文莱地球空间信息学专科学校和文莱苏丹·沙立夫·阿里伊斯兰教大学。其中，文莱拉克萨马纳商学院成立于2002年3月，和英国肯辛顿商学院联合办学，是学生们获得英国学位的一种途径。它提供大学预科、本科学位和专业课程，包括会计、商学、法律、资讯科技、旅游、雅思考试以及其他方面的证书和文凭，并为通过"O"级水平考试的学生提供大学预科课程。

文莱地球空间信息学专科学校成立于2003年9月，学校开设的学科包括测量、测绘、遥感、地理信息系统（GIS）和全球定位系统（GPS）等。

文莱苏丹沙立夫·阿里伊斯兰教大学是由苏丹奥玛尔·阿里·赛福鼎学院升格而成的，以三世苏丹的名字命名，并于2007年8月招收第一批学生。苏丹希望这所大学能成为文莱伊斯兰教光辉的象征，培育更多能满足国家宗教发展的学者与知识分子。该校以阿拉伯语和英语为教学语言，而进入该大学的学生必须先修读3个月的阿拉伯语和英语课程，方可进入正式上课。该校是一个纯粹的伊斯兰高等教育机构，现设有5个学院，分别是阿拉伯语言与伊斯兰教文明学院、伊斯兰教法与国际法学院、伊斯兰教法规法典学院、工商管理学院，另设有一个沙斐仪研究中心。

文莱是个人才缺乏的国家，文莱的大学毕业生一般不存在就业问题，多在国内就业。文莱大学的办学经费主要来自国家的拨款和收费。收费的项目有：入学许可费、注册费、考试费、学费和其他收费。除此以外，文莱还有一些私立学校。私立学校既可减低教育对政府的财政压力，又可让父母拥有为其子女选择不同教育的自由。文莱有5种私立学校类型，包括完全学校、电脑学校、音乐学校、服装学校和外国预科学校。私立学校的收费以教育部规定的参考标准为依据，各学校的收费不一样。所有私立学校的课程都以教育部的规定为准，但一些国际性学校也有他们自己的课程，外国预科学校则根据他们对口的外国院校的课程来设置自己的所学科目。

第二节　新闻媒介

1984年独立后，文莱政府一直依靠王室权威和至高无上的宗教体系来维持原有的意识形态和价值观。新闻媒介，作为意识形态的一个主要部分，自然成为维护文莱国家统一和稳定、宣扬"马来伊斯兰君主制"和民族文化传统的工具，在国家政治生活中具有重要作用。文莱法律规定新闻自由，但政府对新闻媒介的管理比较严厉，电视和广播均由政府经营。文莱政府强调，新闻自由应该以"马来伊斯兰君主制"为基础；新闻工作者对社会、民族和国家负有重大的义务和责任，必须坚持"马来伊斯兰君主制"原则，要有强烈的责任感、良好的品质和职业道德，要为促进文莱社会的和谐和对苏丹陛下、文莱人民、伊斯兰教和国家主权的忠诚做出贡献。并认为新闻职业标准应包括准确的报道，全面的分析，同时要怀有对社会和国家的热爱，而不受报酬、声誉和外来的影响。

政府强调文莱人生活的核心就是伊斯兰教信仰、忠君思想和文明礼貌，任何人不得破坏这一核心，并为此制订了一系列法律条文作为保障，如本地报纸法、出版法，以及社团法、暴乱法、国内安全法、公共秩序法的有关条款等。1997年的《广播紧急修正法案》制定的相关法令规定：任何人在文莱从事广播活动必须事先获得批准证；节目和广告内容必须符合规定的标准；对于外国的广播服务，如果主管大臣认为该服务质量和内容不可接受，他可以下令禁止该项服务；对于任何违反大众利益或民族和谐以及含有不良或腐朽内容的节目，该大臣也可以采取行动。条例还规定：违反上述条例者，将被处以监禁3年或4万文莱元的罚款或两者并罚；非法拥有解码器或卫星天线者，也将同样受到惩罚；非法从事广播活动者，将受到3年监禁或20万文莱元的罚款或两者并罚。

1999年，博尔基亚苏丹签署了《著作权紧急法令》，并于2000年5月开始正式施行。该法令规定任何未经作者同意而非法使用其作品及复制、传播或用其他方法向大众传播包括音像制品在内的行为，均被视为违法行为，将处以罚款和监禁的惩罚。这一方面是保护了作者的著作权，另一方面，因为在文莱各种正规出版物是受政府严格审查和控制的，所以此项措施实际上也有利于政府控制出版业，确保只有政府允许的出版物可以在社会上流通和传播。

文莱政府于2001年对新闻媒体制定了新的报业法，规定文莱本国的报业公司每年进行一次审核，取得许可证才允许经营；报业公司的负责人必须是文莱公民或文莱永久居民；本地报业有关从业人员，未经内务部批准，不得接受外国资助；要取得报纸经营执照，必须交纳一定的保证金；如违反法律，最高罚款可达4万文莱元和判处监禁3年；内务部长有权拒绝发放、撤回执照或暂停报纸出版，或撤销进口报纸，而当事人不得起诉。

一、通讯社

文莱新闻社是文莱唯一的官方新闻机构，创建于1959年。作为亚洲—太平洋广播联盟（Asia-Pacific Broadcasting Union）的成员，可以与该组织的成员国相互提供新闻。由于地域及历史原因，文莱与马来西亚通讯社联系密切。此外，文莱还大量采用西方通讯社的新闻。因此，世界上和本地区发生的较重要的新闻，文莱新闻社都能及时报导。

二、报刊

文莱"第一个文字形式的阅读物"或称为"第一份印刷媒体"在1948年出现，它是英国殖民当局为下属职员创办的新闻报。在1954年和1966年，文莱又分别出版了《文莱新闻》和《每日星报》两种报刊，但在维持了短暂的几年后便纷纷停刊了。

目前，文莱政府通过新闻局出版4份报纸：《文莱灯塔报》(Pelita Brunei)，1956年创刊，是马来文周报，也是政府的主要新闻刊物，每周三出版，每期发行量为45 000份，免费供公众索阅；《文莱达鲁萨兰简讯》(Brunei Darussalam Newsletter)，1985年10月创刊，英文双周刊，每期发行量为12 000份，免费供公众索阅；《文莱达鲁萨兰每日新闻摘要》(Daily News Digest of Brunei Darussalam)，英文日报，每期发行200份，主要供政府内阁参阅。此外，还有文莱政府出版的《政府公报》。

文莱有3份独立的商业性英文和马来文报纸：《婆罗洲公报》(Brunei Bullentin)，创刊于1953年，当时为周报，英文和马来文兼用。该报得到文莱政府的资助，基本上反映官方的观点和立场。1990年改为日报（星期六、日两天合为周末版），现全部以英文进行报道，日发行量为4万份。2000年3月5日开始发行"星期日专刊"。除在文莱、沙巴和沙捞越三地发行外，该报也向新加坡、西马、印尼和菲律宾等东南亚其他国家和地区发行。《新闻快报》(News Express)，于1999年8月3日正式出版，这是文莱40年来第2份英文报纸。该报为前司法大臣巴赫林担任董事长的AVESTA印刷和贸易有限公司所有。2000年4月10日，该公司又出版了文莱第2份马来文版的《新闻快报》（日报）。《文莱时报》(The Brunei Times)，2006年7月创刊，英文日报，每期发行量约10 000份。

文莱本地虽无华文报纸，但当地华人每天上午都可以看到当天出版的新加坡中文报纸《海峡日报》，马来西亚的华文报纸如《诗华日报》、《美里日报》及《星洲日报》等也都在文莱设立办事处，每天都出文莱专版。

除报纸外，文莱还有如下刊物：《今日文莱》(Brunei Today)，由文莱首相署新闻局主办，是一份介绍文莱国情的综合性英文月刊。《回声》(Echo)，于2001年10月8日出版，是一份英文新闻杂志，该刊物主要是宣传"马来伊斯兰君主制"。《萨拉姆周刊》(Salam)由文莱壳牌石油公司主办,1955年开始出版,分马来文、英文和华文3种文版。主要报道文莱国内新闻及石油公司职工所关心的消息。每期发行量约5 000份,只供公司内部职工和政府职员索阅。

此外,文莱还大量进口外国的刊物、出版物,包括来自欧洲、其他亚洲国家以及美国的出版物,目的是为了丰富本地人民的阅读内容,同时进一步推动文莱新闻事业的发展。

三、广播电视

由于文莱出版的报刊杂志较少,而且在现有报刊中缺少科技、文艺、体育、卫生等综合类内容,因此和印刷出版物媒体相比,文莱广播电视媒体的发展要强很多。究其原因,一方面广播电视有利于政府宣传和推广伊斯兰教,维护文莱王室的威望;另一方面广播电视是政府政策和运动的推动者,通过广播电视能让社会成员保持与政府一致的观点,与政府分享共同的目标,并统一社会活动的内容,以此增强社会成员对国家意识形态的认同感。换言之,广播电视在宗教和政治方面的两大功能决定了其良好的发展势头。文莱政府为广播电视规定的七大责任是:全面报道、详细解释政府的计划;宣传推广与政府政策相一致的改革,引导人民在政府需要的时候改变旧的思维方式;提高公民的觉悟,促进文莱经济和文化的发展;通过教育、信息和娱乐节目丰富人民的知识;加强国家团结;作为政府与公众之间的沟通渠道,密切政府与人民之间的关系;与政府的外交政策保持一致,让世界人民了解文莱。由于肩负着以上任务,文莱广播电视的特色也就蕴涵在这些原则之中。

1.广播电台

1950年以前,文莱人只能收听邻国沙捞越和沙巴州的广播或者通过短波收听海外电台。1953年,当二十八世苏丹制定了将文莱发展成现代化国家的第一个五年计划时,却发现文莱仅有的一家周刊《文莱新闻》无法将国家发展的新计划宣传到家家户户,唯一的办法是创办广播电台。于是,广播作为国家现代化战略的一个部分,被批准立即投入建设,并很快于1957年5月2日正式开播。

文莱广播电台创建之初设备简陋,每天只播45分钟,唯一的广播语言是马来语。不久,又增设了45分钟的英语广播,接着,华语方言、本地方言也逐渐成为电台的广播语言。当时多以播送唱片为主，大多数节目都是进口的。到1982年，文莱广播电台开始自己制作节目，其内容都是为了配合伊斯兰教和传统文化的宣传。电台首先与宗教事务局联合制作了《古兰经的启示》、《宗教杂志》等宣传伊斯兰教的系列节目；然后又制作了马来语的广播连续剧、教育节目、谈话节目、体育节目和农业节目等等；为了增加本地音乐，鼓励本地作曲家进行更多的创作，广播电台还组织过两次歌曲比赛，以增加听众的参与度。文莱的汽车拥有率在亚洲是最多的，汽车上的收音机与家庭收音机的数量一样多。另外文莱的商店、公共汽车等公共场所都装有广播，其受众具有相当规模。目前，广播电台的播音工作主要在斯里巴加湾市内的广播电视大厦内进行，广播电台配有流动录音与转播设施，还有室外广播和制作各类唱片的设备。

目前，文莱广播电台以5个频段向国内外播出。广播一套为国家频道（Nasional FM），主要播出各种新闻时事、对话访谈，采用马来语广播政府政策，宣传政府思想；广播二套为精选频道（Pilihan FM），采用英语和华语等语种播放，以休闲娱乐节目为主；第三频道为彩虹频道（Pelangi FM），主要采用马来语广播，多为休闲娱乐节目；第四频道为和谐频道（Harmoni FM），这是一个综合频道，用马来语播音，内容涉及新闻、娱乐等方方面面；第五频道为伊斯兰频道（Nurislam FM），用马来语向国内外听众传播伊斯兰教知识。在都东地区，还设有无线电台转播站，以便于偏远地区居民收听节目。此外，在白拉奕区还设有一个专门为英国廓尔喀部队广播的英国军队广播服务台。

自2001年7月起，文莱广播电台正式推出网上广播，全球各地可通过网络收听文莱广播电台的节目，了解文莱政府、人民、社会及经济发展情况。

2. 电视台

文莱的电视是在受到邻国马来西亚电视的"逼迫"后而诞生的。据统计，20世纪70年代文莱国内大约有3 000台电视机，到1974年电视机的拥有量迅速增长到1万台。缺少新闻和娱乐的文莱人民逐渐成为邻国电视台的观众。文莱政府明显感到国家的尊严受到了挑战，也意识到电视是宣传国家意识、培养人们忠君爱国思想的最佳途径，因而在1975年迅速批准建立了本国电视台，还从英国请来了电视工作人员，节目部、制作部、摄影部以及音响和管理方面的人才均从BBC引进。在当年的国家计划中，政府给广播电视拨出了5 000万文莱元的财政预算，占整个国家预算的10%。雄厚的经济实力使文莱电视得到长足的发展。1984年，新的电视中心开始启用。位于首都市中心的文莱电视台设备齐全，拥有3个电视制作室，1个配备全套录音设备的剧场，备有流动摄影器材，设有电影与录像的剪辑室、配音室、1个彩色电影研究室和3间播音室。此外，广播电视大厦内还设有控制室、零件修配间、图书资料室和节目管理办公室等。

文莱电视节目的发射范围覆盖全国及邻近国家。电视台采用三波段、高频率、彩色画面，通过第5频道和第8频道传送。此外，还建有2个电视转播站，使全国各地的电视收视效果良好，并使邻近的马来西亚沙捞越和沙巴地区居民也能收看文莱电视台的节目。除一些娱乐性节目外，文莱电视台的节目大多为新闻、歌曲和讲经等，较为单调枯燥。国际新闻主要转播由卫星收录的英国广播公司制作的节目。音乐节目多数来自欧洲、美国和东南亚一些国家的音像公司制作的作品。目前文莱有2家电视台，一家是国有的文莱广播电视台，另一家是私营的"水晶"（Kristal）电视台，主要转播国外电视节目。文莱的电视台还与政府教育部合作，开设电视教学节目，为初级中学的学生提供学习英语和科学常识的机会。每天上午，文莱电视台还为5岁以下的学龄前儿童开设特别节目。

为了扩大影响，文莱电视台从1994年1月开始通过印尼的卫星向周围地区播放每天1个小时的英语、马来语节目。目前，通过卫星转播的节目已有10个小时。1994年以后，文莱政府放宽了对外国电视节目的限制，只要安装必要的译码器便可收看马来西亚电视台和中国香港地区近10个频道的电视节目。目前，文莱主要有5个电视频道，其中第一频道为综合频道，以英语和马来语向国内转播时事新闻，宣传政府的方针和政策；第二频道为综合娱乐频道，主要播放国内外电视剧；第三频道主要播放一些较短的科普记录片，也时常穿插播出第一、第二频道的节目；第四频道主要播放马来语的娱乐节目；第五频道以宣讲伊斯兰教知识为主。

目前，文莱电视台拥有着比新加坡和马来西亚更为先进的电视接收系统，其观众可以通过卫星转播直接收看国外的电视节目。此外，政府正逐步地开放媒介市场，让电视台加入"亚视"（Asia vision）的新闻节目交换工程。它说明了媒介发展的总趋势是拓宽受众接触外来文化和信息的渠道。

四、网络媒介

进入20世纪90年代后，区域间的媒介竞争为文莱受众接触外界信息提供了广泛的渠道，传统媒体纷纷走上因特网，为媒介观念和媒介功能的更新开辟了空间。文莱政府重新审视了媒介的价值观，认为媒介不仅是宣传宗教的工具，而且也可以是国家参与地区间竞争的辅助工具。政府因此改变了过去一贯实行的保守政策，开始着手加强传播基础设施和交通、通信行业的建设。

1995年10月10日，文莱网络（BruNet）在文莱电讯局的支持下正式启动，标志着文莱互联网时代的开始。在1999年之前，文莱网络是全国唯一的ISP。在投入运营之初，网速为14.4Kbps，互联网用户为816名，仅占当时人口总数的0.3%。2000年，DST多媒体私人有限公司（DST Sdn Bhd）成功取得文莱ISP执照，其下属的Simpurnet成为继文莱网络之后的第二家ISP，也是文莱第一家私营ISP，这也成为文莱互联网飞速发展的起点，拉开了ISP竞争的帷幕。2001年又有3家私人企业取得互联网服务执照。

文莱政府对于国内电讯尤其是互联网的发展一直持支持态度。2000年，政府曾斥资200万以拓展和优化文莱电讯系统，同时花费1.13亿为全国的国民学校提供电脑设备。这2项工程使更多的文莱人有机会接触互联网，缩小了人们之间的数字鸿沟。2000年12月8日，文莱电讯局采用ADSL技术，开始向用户提供一种名为E-speed的网络服务，根据用户选择的价格档次不同，分别提供128Kbps、256Kbps、384Kbps以及512Kbps网速服务。网民可以通过电话线同时连接互联网。相比从前，E-speed以更为合理的价格向网民提供了更专业的互联网服务。

文莱政府在2001年起启动电子政务计划，电子政务计划已被列为文莱国家信息科技发展计划的核心项目。在文莱执行的第八个国家发展五年计划（2001—2005年）中，为提高公共部门效率和有效地为企业提供行政服务，促进经济成长和带动国内科研发展，文莱政府拨款10亿文莱元推行电子政务计划，用于电子政务计划的基础设施建设、文莱政府内部网络改造以及推行政府部门内部政务电脑化。2001年12月27日，文莱政府网站正式开设，网址为www.e-government.gov.bn。互联网的迅速发展也逐渐扩展到商业领域。2001年，文莱部分商业银行如伊斯兰发展银行、佰都里银行开始将互联网理念引入工作领域。此外，还有相当一部分公司开始引入电子商务业务，这也意味着网络开始真正在文莱普及，慢慢渗透到人们的生产和生活当中。到2003年，文莱上网人数的比例已经上升到总人口的16%左右。

2006年，文莱的互联网发展迎来了另一个重要的历史节点。文莱电讯局于

2006年4月1日正式企业化，易名为文莱电讯有限公司（TELBRU）。电讯局企业化后被一分为二，文莱电讯有限公司负责提供电讯服务，文莱信息通讯技术产业局负责监督和管理文莱国内所有的信息与通讯产业，包括执照发放和推动国内信息与通讯业发展。文莱电讯局的企业化为文莱塑造了一个良性的竞争环境，推动了国内资讯与通讯业的发展。为吸引网民，各电讯公司不断升级自己的服务，广大网民成为激烈市场竞争的最大受益者。

世界经济论坛每年对全球主要经济体利用信息和通信技术推动经济发展及竞争力的成效进行排名，从而评估各经济体的信息科技水平。2009年，世界经济论坛发表"2008/2009年全球信息技术报告"显示，文莱的网络成熟度指数（Networked-Readiness Index）在134个国家中位居第63位，这是文莱首次出现在此项排名中。目前，文莱唯一的中文信息网为易华网（www.e-huawang.com），主要的门户网站有：文莱首屈一指的综合信息门户网站www.brudirect.com、文莱首家私营互联网服务供应商DST多媒体私人有限公司的官方综合服务网站www.simpur.net.bn。文莱13个政府部门都设有专门的网上服务平台，具体如下：www.jpm-bm.gov.bn（首相署），www.mindef.gov.bn（国防部），www.mof.gov.bn（财政部），www.mofat.gov.bn（外交和贸易部），www.moe.edu.bn（教育部），www.religious-affairs.gov.bn（宗教事务部），www.industry.gov.bn（工业和初级资源部），www.mincom.gov.bn（通讯部），www.home-affairs.gov.bn（内政部），www.moh.gov.bn（卫生部），www.mod.gov.bn（发展部），www.kkbs.gov.bn（文化、青年和体育部），www.energy.gov.bn（能源部）。此外，文莱重要的网站还有：文莱统计局网站www.depd.gov.bn，文莱广播电台网站www.rtb.gov.bn，文莱旅游网www.tourismbrunei.com，文莱中华商会www.bruneichinesechamber.com，文莱大学网站www.ubd.edu.bn，文莱历史中心网站www.history-centre.gov.bn，以及文莱国内最大的购物网站www.qqestore.com。根据文莱信息科技与通讯业监管局公布的数据显示，截至2011年12月31日，文莱互联网用户增至50 457户。

因为媒介欠发达，对外宣传力度不够，以前人们对于文莱这个严格执行伊斯兰教规的国家的认识大都局限于它丰富的石油储藏和人民的富裕。然而，自从文莱开通网络后，世界人民"登陆"文莱、接触文莱新闻便有了新的平台。1990年3月《婆罗洲公报》改刊为日报，并建成网络报。上网后，它将自己定位于"通向文莱的网上大道"。《婆罗洲公报》的编辑声称，该报将保持独立的编辑政策，坚持客观、公正和实事求是的立场，其主旨是向世界介绍文莱，以文莱新的国际形象影响他国公众对文莱的认识。该报设有文莱新闻、文莱地方新闻、特别报道、公众舆论以及文莱政府网页等栏目。从这些专栏中我们可以了解到当代文莱的一个侧面，也可以看到网络媒介正在潜移默化地改变着文莱的媒介观念。

第九章　旅游业

文莱虽然国土狭小，人口稀少，但特有的风情吸引了世界各地的目光。它不仅有海岛国家所具有的得天独厚的自然条件，如海湾、沙滩，还有80%的森林覆盖率所带来的宜人气候，更有古老王国深厚的文化底蕴和纯朴的民风。近年来，文莱政府大力发展旅游产业，将其作为促进经济结构多元化，增加外汇收入的一项重要内容和为国人提供就业机会的一项重大举措。浓郁的伊斯兰风情、独具民族特色的水上村落、金碧辉煌的王宫、气派非凡的清真寺、令人神往的热带雨林、壮观的油田风光，以及秀美迤逦的碧海蓝天吸引了越来越多的游客前往文莱。

第一节　发展概况

文莱政府真正投入开发旅游业的时间并不长，但由于政府重视、措施得当、宣传有力，文莱旅游业发展成效明显。从20世纪90年代开始，文莱政府就加大对旅游业的投资，增加提供旅游服务的各种设施的建设，并采取多项措施吸引海外游客赴文莱旅游。进入21世纪以来，文莱政府继续加大对旅游业的投入，将2001年定为"旅游年"，开展多项旅游促销活动，文莱苏丹和各部长亲自出动，参与推广。2004年文莱旅游局向政府申请1 330万文莱元的拨款来推动旅游业的发展，并举办了国际巡回自行车赛、国际高尔夫球赛、文莱湾国际帆船邀请赛等活动。2005年7月文莱成立旅游管理委员会，由工业与初级资源部副部长出任该委员会的主席，并于2006年举办了"文莱旅游观光年"，该活动为文莱社会带来3.15亿文莱元的直接经济受益。海外游客增长迅速，2010年突破20万人次。

为加快文莱旅游业的发展，文莱工业与初级资源部和其他政府部门筹建了数项大型工程，耗资上亿文莱元，目的在于提升文莱的旅游设施及服务。文莱现在主要开发的旅游市场是东南亚、东北亚、澳大利亚和新西兰的旅客，其中马来西亚、新加坡、菲律宾、印尼、英国、澳大利亚、日本、韩国、中国香港和中国台湾地区的游客成为文莱旅游局最基础也是最主要的游客来源。2000年，文莱成为中国公民自费出国旅游目的地国。为了进一步加强在中国的宣传活动，文莱派出强大的代表团赴上海参加2004年2月举行的世界旅游展、6月在香港举办的第18届国际旅游博览会和11月在上海举办的中国国际旅游展等。据文方统计，2011中国旅文游客达3.3万人次，已成为继马来西亚后的第二大入境旅客来源国。

为推动旅游业的发展，文莱政府采取了一系列积极措施：制定短期、中期和长期旅游发展策略和计划。其中短期(1~2年)计划包括：成立旅游机构与促销委员会；引进经验丰富的顾问，并与国家航空服务事业建立联系；利用现有的旅游设施和景点吸引游客，开发有利于旅游的设施；加强政府与私人的合作，树立良好的形象，使外界对文莱有"和善"之印象；编写旅游计划小册子，强调文莱旅游的发展方向、价值及带来的好处；推销东盟东部成长区，并使文莱成为旅游中心；改进和简化办理旅游证件及出入境手续。中期(3~5年)计划包括：扩大旅游基础设施建设；开发新的旅游景点；建立文化色彩浓厚的乡村(水村)；开展最佳旅游服务训练；扩大旅游市场。长期(6~10年)计划包括：继续扩展潜在的旅游区；面向更高的发展目标，维持并扩大市场规划；把文莱建成东盟东部的商业中心，并把首都斯里巴加湾发展成为世界马来文化遗产的中心。文莱在发展旅游业的同时，十分强调要保护其文化特色和生活方式，不能因发展旅游业而使环境受到破坏。

目前，旅游业已成为文莱政府除油气业外大力发展的又一支柱产业。树木繁茂、风光优美、气候宜人、民情独特的文莱正日益成为外国游客的旅游目的地。据文莱《联合日报》2014年3月14日报道，文莱2013年共接待268 122名外国游客，同比增长5%。其中来自东盟的游客最多，占53.46%，而马来西亚游客为25.56%，即57 476人；来自中国、日本和韩国游客比例从2012年的17.25%增至2013年的24.17%，其中中国游客仍是文莱第二大客源。根据国际业界同行评价，文莱旅游资源丰富且质量较高，超过90%的来文游客都对文莱文化和自然景点饶有兴趣。而文莱政府制订的2011—2015年旅游发展规划中的重点项目就是自然、文化和伊斯兰旅游。此外，文莱政府还拟将运动旅游、医药旅游锁定为今后发展的方向。因为一流的海滩、保护完好的海岸线、世界级的高尔夫球场等给运动旅游提供了良好的设施，而医药旅游则更是文莱的自然资源与东方国家的古老文化的完美结合，将成为旅游业全新的发展方向。文莱工业与初级资源部部长向媒体透露，为发展文莱旅游，该部确定了7大发展动力和13个领域及69个项目。7大动力包括户外、文化、伊斯兰旅游、健康、海上、教育和商业等。69个项目包括升级现有博物馆、导游培训等等。

第二节　旅游景点

和马来西亚、泰国、印度尼西亚等旅游国家相比，文莱虽然没有它们那样多的旅游名胜古迹，但也有其风情独特的景点，除独具民族特色的水村外，还有努鲁尔·伊曼王宫、王室陈列馆、国家博物馆、富丽堂皇的清真寺、淡布伦国家森林公园等。

一、水村

图9-1　水村

图片来源 http://www.leleyuan.com/index.php?m=content&c=index&a=show&catid=9&id=4349。

作为文莱马来人的传统民居，水村历史悠久且异域风情浓郁，成为外国游客的必游之地，也是当地画家、摄影家的重要创作主题之一。

在文莱河的两岸，各种由石柱支撑、木材搭建而成的水上人家绵延成片，面积约2.6平方千米，目前共有4 000多栋建筑和3万左右居民。水村的房屋虽然外表简陋，但内部装修非常现代化，既典雅又摩登，同时不失传统色彩，是游客必到的观光地。村中除了住房，还有学校、清真寺、邮局、消防队、诊所、村委会等公共配备，形成一个相当独特的水上社区，成为文莱的著名景点之一。游人可进入水村居民家中感受他们的日常生活。

如有重要代表团到访，文莱的接待单位一般会安排前往水村游览观光。在晚间游览水村更是另有一番情趣。如果乘游艇在文莱河中沿河而上，直到王宫后院，两岸风光独特风情。岸边的港景餐厅也是观赏水村夜景的理想之地，坐在面向水村的半圆形餐厅内，水村全景尽现眼前。这时，游客会发现文莱风光的精华似乎都集中在文莱河畔，在茫茫夜色中依稀可见雄伟的王宫背影和在半山腰若隐若现的文莱外交部大厦。而岸边清真寺、苏丹基金会和手工艺品中心等高大建筑，在灯光和河水的映照下，比白天还显得更有异域风情。

2009年文莱旅游局投资兴建了一座水村文化馆，耗资300万文莱元，旨在系统展示文莱独具地方特色的水村文化，包括历史、风俗、生活及手工艺术等。水村文化馆共设有5个展厅，分别展出10世纪以来水村发展的历史，如古渤泥王国盛况、王室活动、国际商贸集散和淳朴民风等。水村文化馆完美地运用了现代声光技术来展现水村历史文化。馆内设有传统文化演出厅和可以看到斯里巴加湾市貌的3层瞭望塔。

作为文莱历史文化发祥地，水村位居文莱政府5个重点建设区域之首。在政府的发展规划中，不仅要保护水村文化，而且要通过文化艺术价值的发掘使其焕发活力。在水村地区，政府将建设文化精品店、红树林生态度假村、青年活动区、艺术画廊、水上市场、餐厅等设施。

二、努鲁尔·伊曼王宫

图9-2　努鲁尔·伊曼王宫

图片来源 http://www.asean168.com/travel/show.php?itemid=416。

努鲁尔·伊曼王宫的名字由两个部分构成，"Istana"在马来语意为王宫，"Nurul Iman"源自阿拉伯语，意为信光（the Light of Faith）。努鲁尔·伊曼王宫被誉为"世纪性的宫殿"，与北京故宫、法国凡尔赛宫、俄罗斯克里姆林宫、美国白宫、英国白金汉宫并列为世界六大宫殿。古典的神秘，宗教的神圣，王权的仪威，无与伦比的富丽，现代化的气派交织成文莱人心中无限崇敬的圣地。

努鲁尔·伊曼王宫位于文莱首都斯里巴加湾市中心地带，是现任苏丹博尔基亚主持新建、由菲律宾著名建筑师雷奥德罗·V.洛克辛设计的王宫，于1980年开始筹划，1984年文莱宣布完全独立前夕建成。整个王宫占地120公顷，主体建筑长525米，宽228米。施工时曾挖掉400万立方土石，铺了23万平方米草皮，仅房顶用钢就有4 000吨，总耗资3亿美元，拥有大小房间1 788间，被吉尼斯记录为世界上最大的王宫。①王宫选址独出心裁、气派非凡；地势居高，可鸟瞰首都斯里巴加湾市全景；完整独立，呈三面环水的半岛，伸入文莱河；绝对私密，对岸是一无人居住、灌木丛生的丘陵状小岛；动静相宜，正面连接一条繁忙的大道，互不相扰，相映成趣。

努鲁尔·伊曼王宫是当今世界上仍在使用中的最大、最现代化的宫殿，现任苏丹、王后、王妃、王太子以及公主等王室成员都居住在里面。整个王宫分为首相署办公区（文莱苏丹兼首相）和王室居住区两部分。内有一个可容纳4 000人的宴会厅，每年庆祝苏丹寿辰晚宴及招待各国元首的国宴都在这里举行；一个可坐500人的庆典大厅，苏丹每年在这里为各界有功之臣授勋；还有苏丹与王后分别接见外宾用的各种规格、富丽堂皇的会客厅；一个可容纳1 500人、专供王室人员及工作人员使用的祈祷厅。王室居住区有3个豪华套房供王室客人用，12个公寓式套房供苏丹与王后所生子女居住。此外，王宫建筑还包括室外运动场、室内多功能运动中心、直升机停机坪和可容纳300辆轿车的地下停车场。

整座王宫建筑充满伊斯兰色彩，其马来风格的人字形大屋顶和镀有22K金的硕大圆顶，金光闪闪，成为王宫的鲜明标志。王宫全部建筑材料从美国、丹麦、法国、意大利和英国等30多个国家进口，室内装潢极其讲究，极尽奢华。王宫门框上的莲花瓣全都包着22K金，连大门上的徽记，也用黄金和宝石做成；宴会

---

① 关于世界上最大的王宫是哪座是存有争议的，就建筑面积而言实际上世界上最大的王宫是北京故宫，但是吉尼斯评判的标准是室内面积，而且有王室居住过，据此将文莱王宫评为世界上最大的王宫。

厅、会客厅内金碧辉煌，所有家具，包括桌椅、沙发扶手与靠背都有不同程度的包金或烫金，甚至地毯上都穿织着金线。如果说努鲁尔·伊曼王宫是一座用黄金筑成的、世上独一无二的金王宫，一点儿也不为过。各个大厅天花板还悬挂着成吨重的水晶镶金吊灯，至于王室生活区各种宝石、玉雕、巨钻、名画等稀世珍品的陈列与装饰更是如同博览会。

努鲁尔·伊曼王宫自1984年以来每年国庆日（2月23日）均对外开放，此外开斋节期间也会向普通臣民开放3天。任何人包括游客及劳工均可自由出入，与苏丹王室互致问候。

三、奥玛尔·阿里·赛福鼎清真寺

图9-3　奥玛尔·阿里·赛福鼎清真寺

图片来源 http://www.upairs.com/raiders/296。

奥玛尔·阿里·赛福鼎清真寺位于斯里巴加湾市中心，是以现任苏丹父王名字命名的清真寺。该寺建于1958年，由一位意大利建筑师设计，以纪念二十八世苏丹奥玛尔·阿里·赛福鼎在位17年来的功绩。赛福鼎清真寺的祈祷厅可供千人礼拜，自建成以来一直发挥着它应有的功能，不仅成为东南亚地区最引人注目和最美丽的清真寺之一，也是文莱臣民虔诚信仰伊斯兰的象征和首都斯里巴加湾市的地标。

赛福鼎清真寺除了那些大大小小的金色拱顶外，其主体建筑都为白色，犹如一座镶着金顶的白玉巨雕，在周围色彩斑斓的环境衬托下显得格外醒目、素净。

清真寺的选料十分考究，为了达到最佳的使用和外观效果，其建筑材料都是从世界各地精心挑选的。如铺地的大理石来自意大利，砌墙的花岗岩来自中国，彩色玻璃和水晶枝形吊灯来自英国，地毯则是从比利时和沙特阿拉伯进口的。巨大的圆形金顶和镂空的乳白色尖塔更是雄伟豪迈。闪闪发光的金顶由330万块金片镶成，如果把这些金片铺成平面，足有520平方米之大。其中最大的一个圆顶，就用去45千克纯金。主尖塔将文艺复兴和意大利建筑风格结合在一起，形成独特的风格，在世界上的伊斯兰建筑中很罕见。尖塔内有现代化的高速电梯可以到达塔顶，一览斯里巴加湾市城市全景。

赛福鼎清真寺的另一大特色就是它三面环水。该寺位于文莱河畔的一个人工湖上，通过一座长桥和水村相连。它大部分寺基在湖水环绕之中，寺身高大巍峨，周围有群塔簇拥，使清真寺就像一艘漂浮在碧波中的古舟。寺内的花岗石柱子，犹如一株株挺拔而立的树干，使游客恍如置身于高耸入云的花岗石森林之中。赛福鼎清真寺镀有纯金的主拱顶高达52米，在斯里巴加湾市任何地方都可以望见。在阳光照耀下，巨大的圆形金顶和镂空乳白色尖塔，与清真寺周围清澈见底、水平如镜的湖水交相辉映，如同银海泛金，构成一幅极为美丽的画卷。在所有引人瞩目的景致中，还有一艘16世纪苏丹龙舟的复制品，它静静地浮在清真寺前的碧水之中，通过一条逶迤的小径和清真寺连接在一起，成为清真寺的有机组成部分。船上楼阁亭立、雕檐游离、古朴雅致，阳光下，龙舟落下幽美的倒影，仿佛正在向人们轻轻诉说着文莱的历史。

赛福鼎清真寺集历代伊斯兰文明于一身，体现了多种文明融合的特点。这座清真寺不仅是文莱伊斯兰教建筑艺术的高峰，也是文莱最大的会礼场所，曾用来举行官方庆典和举办朗诵《古兰经》比赛等活动，在文莱的宗教生活中占有重要的地位。

四、哈桑纳尔·博尔基亚清真寺

哈桑纳尔·博尔基亚清真寺是由现任苏丹个人捐资建造、并以其名字命名的清真寺，作为他48岁生日送给臣民的礼物，于1994年7月14日落成启用，被当地人称为"国王的清真寺"。

哈桑纳尔·博尔基亚清真寺坐落于文莱首都斯里巴加湾市的哈桑纳尔·博尔基亚大道旁。整座清真寺规模宏大，由主体建筑和四个尖塔圆顶组成，主体拱顶与四周的尖塔圆顶均用24K纯金制成，耗金2.4吨。主体拱顶是耗费黄金最多的部分，也最能显示该寺的王室气派。华丽、庄严的金色光辉，使整座清真寺显得雍容、壮观。

图9-4　哈桑纳尔·博尔亚清真寺

图片来源 http://www.yocity.cn/view/10905.html。

主体拱顶镀金容易让人担忧建筑承重太大，但是博尔基亚清真寺设计精巧，它利用内部空心的设计减轻了主体建筑的压力。拱顶的内部装饰有色彩艳丽的玻璃，增加了建筑的艺术价值，并且采光良好，阳光透进玻璃显得绚烂无比。清真寺的29个金碧辉煌的圆顶是为了纪念历史上29个苏丹统治的朝代，4座57米高的塔尖装饰着蓝色和白色的马赛克，高高矗立，既肃穆又华丽。整座清真寺的用料极其讲究，全部从国外进口，从闪闪发光的灯饰到光洁可鉴的大理石地面，到处都散发着浓郁的伊斯兰气息。

博尔基亚清真寺内有两个大祈祷厅，可分别容纳6 000男女信徒同时祈祷。厅内设施全部电脑化，配有多个大型的电子屏幕，保证每一个穆斯林都可以清楚地看见阿訇，并跟随着做仪式。男祈祷厅内指示着麦加方向的凹壁上装饰着黑色大理石和镀金瓷砖，厅内有一盏重达3.5吨的奥地利水晶吊灯，其余的吊灯共8盏，呈八角形，为整个大厅增添了豪华、堂皇、肃穆的氛围。厅内摆放着巨型《古兰经》手抄本，据称是世界上最大的《古兰经》手抄本之一。

博尔基亚清真寺像个精致的花园，到处是鲜花、绿草、高大的椰子树和棕榈树，院内一角的小型喷泉，泉水和色彩素雅的大理石喷池相互影映，清爽怡人。

具有马来传统风格的镀金镂空外墙使整个清真寺庄严肃穆，雍容典雅。清真寺大门镶嵌着很多小金星，以29颗为一组进行排列，大门上的标记也用黄金镶以钻石。寺内长廊既有装饰作用，又可以供人休息。此外，寺内还配有办公室、图书馆、沐浴室等现代化的附属设施。

与奥玛尔·阿里·赛福鼎清真寺相比，哈桑纳尔·博尔基亚清真寺显得更豪华肃穆，虽然其规模不算太大，但耗资巨大。这两座清真寺相距不远，处处彰显着皇家的气派，是文莱的重要参观景点之一。在文莱，清真寺的数量与国土面积和穆斯林人口相比，所占的比例是很大的。凡是有穆斯林聚居的社区，都有清真寺耸立。金碧辉煌的大清真寺与红瓦顶的小祷告堂交相辉映，代替了现代化大都市中林立的摩天大厦。这些清真寺散落在全国各地，风格各异，美轮美奂，犹如一颗颗珍珠，把美丽的文莱装点得更加独特迷人。

五、王室陈列馆

王室陈列馆又被称作苏丹纪念馆，坐落在文莱首都斯里巴加湾市的中心——苏丹街，是一座具有浓郁伊斯兰风格的双层白色建筑，原址是丘吉尔纪念馆。1992年4月，为庆祝现任第二十九世苏丹博尔基亚登基25周年，被改建为王室礼仪陈列馆，旨在让臣民了解王室礼仪的庄严和神圣。

王室陈列馆于1992年4月动工，8月建成，9月30日由现任苏丹博尔基亚亲自主持开幕。王室礼仪陈列馆建筑风格之独特及竣工速度之快，都是文莱建筑史上的一大创举。陈列馆一楼分为中央大厅和后侧厅两部分，二楼则分为左、右两个展厅，展厅的主题分别为王室礼仪（苏丹博尔基亚1968年加冕礼）、苏丹登基银禧（1992年）纪念、宪法发展与历史、王室历史和御用物品等四大部分。

王室陈列馆的中央大厅笼罩在状如王冠的穹隆屋顶下，这一设计象征着苏丹至高无上的权力。白色屋顶外饰以金色方格和太阳花纹，在蓝天晴空的映衬下分外醒目，流露着一种大气、内敛的气质；穹隆顶内是一盏彩色玻璃吸顶灯，四周是放射状的白色线条。中央大厅四周以29根圆柱支撑，代表现任苏丹为第29任苏丹。大厅内陈列着苏丹1968年登基大典中用的各种御用品。其中最显眼的莫过于苏丹登基时使用过的龙辇，在2005年于中国广西南宁举行的中国—东盟博览会上，文莱政府将该龙辇的仿真品当作贺礼赠予博览会组委会，成为中国和文莱友好情谊的象征。

图9-5　陈列馆中苏丹登基时使用过的龙辇

图片来源 http://www.fmprc.gov.cn/mfa_chn/ywcf_602274/t337459.shtml。

一楼的后侧厅是苏丹登基银禧纪念展厅，以仿真模型、照片、文物和纪录片结合，真实地展现了1992年10月5日庆祝现任苏丹登基25周年的一系列活动。除此以外，展厅中还设有当时王宫庆典、国宴的微缩模型，和外国政府、名人及文莱本国人士赠送苏丹的礼品。

二楼左侧是宪法发展和历史展厅，其中以大量的资料、图片、录像与录音展现了文莱从1847年与英国签订第一个《文莱英国友好合作条约》到1984年文莱举行独立庆典的历史，其中突出再现的是1959年文莱第一部宪法成文的过程以及1984年独立时的重要场景。

二楼右侧是王室历史和御用物品展厅，主要以图片、实物和录像展示了苏丹的家谱和生平，介绍了苏丹受教育的情况、喜好的运动、赴麦加朝圣、被立为储以及结婚和登基仪式等。

陈列馆从建成至今，一直免费对外开放，是外国代表团和游客必到的一个参观景点，供人们了解并走近文莱王室。

六、杰鲁东游乐园

杰鲁东游乐园又称"杰鲁东水晶公园"，坐落在与文莱苏丹行宫毗连的杰鲁东游乐区内。杰鲁东游乐区位于南中国海海滨高速公路旁，占地面积1 000公顷。20世纪70年代末开始建设。区内包括杰鲁东公园、杰鲁东游乐园、马球俱乐部、皇家高尔夫球场和乡村俱乐部等几个部分，以及一些餐饮设施。整个游乐区堪称"游客的天堂"。

图9-6 杰鲁东游乐园

图片来源 http://www.mmgl.net/content.aspx?id=ad1ce8c7-ec2a-484b-884d-a55e50e16407。

杰鲁东游乐园是现任苏丹博尔基亚出巨资建造的，于1994年7月14日苏丹生日前夕对外开放，作为苏丹赐给臣民的礼物。公园内可同时容纳8 000名游客，平均每天近3 000人次前往游玩。据说在文莱苏丹48岁生日的时候，王妃送给苏丹一颗4 500千克的超级大水晶作为礼物，由此有了建造这座水晶公园作为送给全国人民的礼物的庞大计划。

游乐园门前有一巨型雕塑，四根拱柱犹如众星捧月般托着一颗价值数万美元的巨大水晶球，整个造型像枚戒指，晶莹剔透、高贵典雅。公园内设有男女老少皆宜的各种游乐设施，如碰碰车、电动马、自控船、过山车、射击场、溜冰场、小火车、空中旋转车、海盗船、霹雳与迪斯科舞场等30多种，从休闲娱乐到惊险刺激的设施应有尽有，堪称全东南亚最大的游乐园，而且其建筑材料之上乘和管理之有序，也是绝无仅有的。

1996年1月1日，杰鲁东游乐园建成一座15层的高塔，游客可搭乘容纳200人的旋转台徐徐上升，旋转台到达顶端后会缓慢旋转两圈，游客可将整个游乐区及四周美景尽收眼底。1996年7月15日，杰鲁东游乐园音乐喷泉建成，喷泉水幕上可打出字幕和苏丹的头像以及美国超级歌星迈克·杰克逊在文莱举行演唱会的画面，这是苏丹在其寿辰之际送给全国臣民的又一个礼物。

游乐园卫生状况与秩序之良好也是令人赞叹的。仅在场地内日夜打扫卫生的清洁员就有几百人，游客任何时候进园，都看不到果皮、纸屑和饮料罐等污物。

七、帝国酒店

图9-7　帝国酒店

图片来源 http://ly.sz.bendibao.com/tour/2011729/ly312288.html。

帝国酒店建于1998年，是位于文莱海岸附近的一座7星级度假酒店。原本为皇家宫殿，后改为度假酒店及乡村俱乐部。酒店位于占地180公顷的热带庄园，设有360间宽敞客房和63间豪华套房与别墅，耗资10亿美金，是文莱王室打造极致奢华的一个造梦天地。去到文莱，即便不在该酒店住宿，也值得前往一游。

整个酒店的装饰以白、黑、金色为主，主楼大堂高达40米，由四根花型大理石立柱支撑，无论仰视或俯瞰都十分壮观。进入大厅，随处闪耀着金光，墙壁涂上了黄金，巨大的梁柱和天花板的雕花间镶嵌的全是24K的黄金，就连大堂的座椅和茶几都是镀金的，楼梯是用18K黄金和大块的猫眼石所造，四台巨大的电梯，电梯门和扶手全部镀金，而地面则是大理石铺砌的美丽图案。据说，整个酒店装饰共使用了数吨黄金。酒店大堂的装饰品和工艺品每件都价值连城，陈列在大堂中间的一件水晶金骆驼就价值200万美元，是世间仅有的4件中的一件。

酒店房间的宽敞和豪华也是罕见的，每一间达70～80平方米，所有灯具都镀着金，三层窗帘开关全部是电动的，冰箱上面摆设高级的茶具，冰桶和勺子全由纯银铸造。房间里的寝具是特别订做的，床上轻柔舒适的羽绒被、羽绒枕，是来自意大利的埃及棉套，触感细致迷人。豪华浴室的洁具全部采用高档名牌，所有的按钮和水龙头一应镀金。地上铺的是新西兰羊毛地毯，上面精致细密的金色图案是用真正的金线手工缀织而成。

帝国酒店最大的套房是帝王套房，也是世界上最大的总统套房之一，有675平方米。套房除了极为富丽堂皇以外，还充满伊斯兰情调和现代气息。4个厅室的房间，地上铺着波斯地毯，墙上挂着壁毯，屋顶垂下古老的吊灯，房间的床上用品和帐幕模仿着帐篷的装饰，书架上摆放着《古兰经》，有标着麦加方向箭头的祈祷室；房间大厅里有钢琴、大屏幕投影电视、音响设备等；卫生间、厨房全部是现代化的洁具和厨具，设多套卫浴设备，另有独立的按摩浴缸与蒸气室。与寝室相邻的，是一个面积为60多平方米的私人室内游泳池，还有桌球室等。套房里所有的装饰面板都是由21K金制成，一眼望去，整个房间金光闪闪。

酒店更罕见的设施有人造网球场，贴着金马赛克的7个泳池、保龄球馆、18洞的高尔夫球场、健身中心、容纳450人的大舞台及3间各容纳百多人的现代化豪华戏院。帝国酒店在2003年的"世界旅游大奖"中勇夺"亚洲最优秀度假村"、"亚洲最优秀高尔夫球度假村"等权威性奖项，帝王套房也被选为"全球最佳总统套房"。

八、国家博物馆

图9-8　国家博物馆

图片来源 http://2010.163.com/photoview/0BNM0086/42_02.html。

文莱国家博物馆建于1965年，坐落在距首都斯里巴加湾市6千米外哥达巴都区一座小山的半山腰，外观为白色，共有两层。1972年正在文莱访问的英国女王伊丽莎白二世为其主持了正式对外开放仪式。馆内共有两层6个展厅，珍藏有大量的经书、文件、手抄资料等，还有精致的陶器、古代玻璃饰品、具有纪念性和历史意义的地毯等。2005年，文莱政府对该馆进行了维修、改建并于次年再度对外免费开放。走入文莱国家博物馆，文莱的人文、历史和风俗一览无余。

馆内的展品分为伊斯兰艺术、文莱石油发展史、马来习俗及传统手工艺、考古与文莱历史、沉船宝藏等五大主题。"伊斯兰艺术"展厅的展品为苏丹私人收藏艺术品，包括10—17世纪的中亚玻璃器皿、11—13世纪的中亚陶器、来自中亚和北非不同时期的《古兰经》手抄本、中国的铜器、印度饰品和法国玻璃花瓶等。"文莱石油发展史"展厅展示了大量关于文莱石油业发展的图片，介绍了文莱石油的发现、开采和发展以及主要石油产地的地质构造和石油产品。"马来习俗及传统手工艺"展厅以图片、雕塑和实物相结合的方式呈现包括妇女产后"坐月子"、穆斯林男孩割礼、学习《古兰经》、马来族婚礼等日常生活场景，形象地展示了文莱的传统文化和民俗。展出的手工艺品包括马来民族服饰、手工布匹、刀剑、弹弓和藤球等。"考古与文莱历史"展厅的展品主要有早期人类使用的石器和从中国流入的明代陶瓷。"沉船宝藏"展厅展示了文莱和法国于1998年在文莱附近水域打捞出的中国明代的陶器和瓷器等贵重物品，由此可见，中国与文莱自古以来的交往就甚密切。参观文莱国家博物馆的展品可以体悟到其强烈的伊斯兰文化和马来传统，并对文莱的石油发展史和考古情况有了大致了解。在展厅内还有一幅从离地917千米高空通过卫星拍摄的文莱全国巨型地图。

九、淡布伦国家森林公园

图9-9　淡布伦国家森林公园

图片来源 http://vacations.ctrip.com/grouptravel/p1696148s447.html。

　　文莱有七八成的土地被原始热带雨林所覆盖，拥有丰富而珍贵的雨林资源，淡布伦国家森林公园就是以此而闻名遐迩。淡布伦国家森林公园是文莱诸多森林保护公园中最大的，占地面积48 875公顷，位于淡布伦区巴都阿波附近的森林保护区内。整个森林保护区面积达500平方千米，目前已开发的旅游景区面积约100公顷。这里可以漂流、登山，尽享原始热带雨林的风情。

从地理上说，淡布伦属于"飞地"，因为它与文莱其他3个区是完全分开的，被马来西亚的林梦所分割，除了水路外，从陆路前往淡布伦必须入境马来西亚，经过林梦才能到达淡布伦。因此，从斯里巴加湾市出发，需要先搭乘快艇经文莱河到淡布伦区的首府邦加镇，之后再转车才能抵达淡布伦国家森林公园。所谓的森林公园实际上并未完全开发，仍是一片原野。高大的常绿阔叶树构成的繁密林冠，使整个公园成为一个浩大的绿色异度空间。树木花草繁茂葱郁、山丘丛林错落叠翠，进入这样的森林公园，恍若置身超尘出世的神秘世界。

淡布伦国家森林公园是文莱一个肺活量充足的"国家之肺"，因此政府很重视对其进行保护。为便于游客攀爬，同时又使裸露的植被免遭践踏，政府花巨资修建了一路栈道和一些必要的爬山设施。其中一条木栈道直通雨林顶部，仅两人宽的1 000多级阶梯蜿蜒盘旋，每300米就有一处凉亭，供人歇脚。当人们拾阶而上到达山顶时，眼前豁然开朗，森林公园的全景展现在面前，郁郁葱葱的热带雨林漫山遍野。极目远眺，层峦叠起，云蒸霞蔚，美不胜收。在两个山峰之间还架有几十米高、上百米长的铁制吊索桥，吊桥下面是卡朗安河。一走上吊桥，就能在晃晃悠悠中享受在树端近距离观赏雨林的奇妙感受，充满梦幻色彩。

1991年，文莱壳牌石油公司赞助文莱大学100万文莱元，在该公园内建了一个贝拉隆野外研究中心，作为热带雨林的一个国际科研基地，现在已逐步发展为文莱及国外学校与高等教育机构的教学与培训地。该中心近年来的研究发现，森林公园内有菩提树等世界名贵树木，还有多种珍稀动植物，如180多种树木、35种蛙类、180多种蝴蝶、200多种鸟类及在一棵树上可同时栖息的400多种不同类型的甲虫。淡布伦国家森林公园是文莱的一笔宝贵财富。2009年，文莱政府在淡布伦国家森林公园内设立永久性环保研究中心并划出25公顷土地用于研究全球暖化对热带雨林生态的影响。该项目为文莱"婆罗洲之心"环保计划下新设项目，由文莱森林局支持，汇丰银行赞助，文莱大学主导研究工作，哈佛大学及巴拿马的斯密苏尼亚热带研究学院等国际机构也将参与有关科研项目。

十、艺术和手工艺品中心

图9-10　文莱传统手工艺品

图片来源 http://www.361ok.com/view/501/2331.html。

　　文莱艺术和手工艺品中心位于文莱河畔，面对水村。该中心原为文莱文化、青年和体育部办公楼，1984年该部搬迁新办公楼后，改为"艺术和手工艺品中心"。大楼前侧的第二层有一个约150平方米的展厅，大楼后侧为加工车间。展厅内的展品全是文莱传统手工艺品，包括几个世纪以前用金银线织成的、设计精美的马来服饰；手工制造的镶有珠宝的银器和工艺品，如装饰用的炮台和蛇状匕首等；还有各种现代手工制作的银器制品。该中心每天向公众开放并销售各种工艺品。

十一、十亿桶原油纪念碑主题公园

图9-11　十亿桶原油纪念碑主题公园

图片来源 http://service.aseanchinacenter.org/zhuanti/wenlai/535/11054.html。

文莱在1923年发现石油，1932年正式开采，1991年开采出第10亿桶原油。文莱政府为了纪念这个具有历史意义的日子，在白拉奕区的诗里亚建造了"十亿桶原油纪念碑主题公园"。主题公园面向大海，让许多游客除了了解到文莱石油的开发史外，也可享受到文莱美丽洁白的沙滩和徐徐吹送的海风。毗邻的石油与液化天然气展览中心由文莱壳牌石油公司以及液化天然气公司联合建设，主要展示过去几十年来文莱开采石油以及液化天然气的历史。

十二、墨林本湖

图9-12　墨林本湖

图片来源 http://www.chinabdh.com/bdhzx/hysj/articleshow.aspx?id=471167。

墨林本湖位于都东区内陆，也是文莱境内最大的湖泊。墨林本湖水呈黑色，主要是因为湖底的草本植物所致，人们在墨林本湖中发现了数百种罕见植物以及鱼类，是极为珍贵的研究材料。文莱政府把墨林本湖建设成为休闲旅游区，建造了度假屋等旅游设施。墨林本湖有两大特色：一是湖水有涨潮和退潮现象，退潮时，可以在湖底行走，能近距离观赏湖底的植物生态；二是湖内有许多双眼通红的不知名鱼类，而且会发出红色微光，入夜时分在湖面的木桥上欣赏湖景，可看到一对对红色小灯笼在湖底不断闪烁。

第十章　文莱与中国的文化交流

第一节　文莱与中国关系的发展演变

文莱与中国一海相隔，两国关系源远流长，有着长期友好的交往历史。根据现存的文字记载，文莱从中国汉朝开始就与中国历代的封建王朝都保持了非常紧密的关系；之后随着西方殖民者的到来，两国关系的发展曾受到影响；1984年，文莱宣布独立，文莱与中国的关系逐步恢复正常化，并于1991年正式建交；进入21世纪后，双方高层接触更加频繁，各领域友好交流与合作不断扩大。

一、文中关系源远流长

中国的古籍对文莱同中国的友好往来进行了详细的记载[①]，成为研究古代两国关系以及文莱古代历史的重要史料，同时也是两国长久友好关系的有力佐证。

中国最早对文莱进行记载的历史可以追溯到汉朝。《汉书》卷二八下，《地理志》粤地条末记载："自日南障塞、徐闻、合浦船行五月，有都元国；又船行可四月，有邑卢没国；又船行可二十余日，有湛离国；步行可十余日，有夫甘都卢国。自夫甘都卢国船行可二月余，有黄支国，民俗略与珠崖相类，其州广大，户口多，多异物，自武帝以来皆献物……"根据东南亚史学家许云樵教授的考证，《汉书》上提到的都元国位于加里曼丹岛的北部，即为古代文莱国所在地。

5世纪中叶，文莱已正式与中国有了官方的交往。南北朝《高僧传》卷七《慧严传》中有婆利国派遣使者来中国访问的记载。《宋书》卷九本纪也有类似记载："元徽元年三月丙申（473年5月2日）婆利国遣使献方物。"

6世纪后，中国文献上关于文莱同中国友好关系的记载更为详尽，《梁书》卷

---

① 近现代研究文莱历史的学者大多都认为中国史籍中记述的南洋古国婆利、渤泥、勃泥、李泥、佛泥和婆罗等均为文莱国名Brunei的译名，也有些学者根据各自的考证认为，中国史籍中提及的上述国名，有的确指文莱，有的则与其他发音相似的国名相混。但总的看来，所述的地理方位，多与古代文莱的疆域基本一致，所载的民风民俗也大体相同。

五四和《南史》卷七八都有婆利国传，其中记载了6世纪古代文莱国的地理风貌、民情民俗和社会发展情况，以及当时文莱统治者想与中国发展友好关系的热切愿望。

到了中国隋唐时期（6世纪末到10世纪初），文莱同中国的交往更为频繁，《隋书》、《新唐书》、《唐会要》、《文献通考》和《太平御览》列国传等古籍有着相当详实的记录。

根据《隋唐五代史纲》（韩国磐），自唐贞观四年（630年）婆利国遣使来中国朝贡之后，两国通使通商络绎不绝。文莱盛产的优质龙脑、樟脑和犀角等名贵药材深受中国人欢迎，成为文莱出口中国的主要商品。中国出口文莱的商品则以陶瓷器皿、金属器、丝绸和珠宝等为大宗。

唐亡后，中国进入封建割据的动乱年代，无暇顾及外交与海外贸易。而此时正值东南亚的室利佛逝国国势日兴，对外大肆扩张之际。唐时同中国交往密切的东南亚诸国，包括文莱，有的沦为其附庸国，有的则转为效忠于它。文莱同中国自5世纪就开始建立起来的官方友好关系一度中断。据《宋史》卷四八九《渤泥传》记载：太平兴国二年（977年），渤泥国曾遣使来华朝贡，希望与中国通商。即至10世纪后期，文莱才逐步恢复与中国的友好往来，双方贸易与文化交流日益频繁。

根据宋代赵汝适在《诸蕃志》中的记载，宋朝时期文莱统治者对发展与中国的贸易十分重视，其国王甚至亲率眷属官员到中国商船慰问，中国商船回国前还特意为其准备酒席款待和馈赠礼品。而中国商人也很注意与文莱官方保持友好关系，每逢商贾日都以佳肴美酒献其王。此外，从文莱王室喜食中国饮食与其王服式略仿中国的描述可以看出当时文莱已受中国文化的影响。宋亡后，文莱与中国继续保持友好关系，元军曾于1293年远征爪哇，文莱作为海上交通的中途站，来往甚为密切。元代汪大渊在《岛夷志略》的《勃泥传》中有勃泥人"尤敬爱唐人，醉则扶之以归歇处"的记述。

到了明朝，两国友好关系达到顶峰。根据《明成祖实录》记载，洪武三年八月，明朝廷遣使持诏往谕三佛齐、渤泥、真腊等国。赵述等使三佛齐，张敬之等使渤泥，祁微等使真腊。洪武四年七月，渤泥国王马合漠沙遣使亦思麻逸进表，贡方物。从此，中国同文莱的关系变得更为密切。据《明成祖实录》记载，自明永乐三年到十九年（1405—1422年），两国官方互访竟多达十几次。永乐六年八月，渤泥国王麻那惹加那亲率王妃、弟妹、子女、亲戚、陪臣等150余人来访，明王朝给予隆重接待。同年十一月，渤泥国王麻那惹加那不幸病故于南京会同馆。明帝辍朝三日以示哀掉，遣官王皆祭。命工部具棺椁明器，葬于安德门外石子岗。树碑神道，赐谥号"恭顺"，并易封其子遐旺为渤泥国王。

安德门石子岗在南京雨花台铁心桥乡。1958年，南京市文物保管委员会工作人员在当地群众帮助下，终于找到了寻觅百多年而未得的渤泥国王墓。该墓遗址发现后，立即由国家文物部门定为江苏省重点文物保护单位。

中国和文莱两国政府都十分重视渤泥国王墓遗址。近年来，中国有关部门又对它进行多次修葺。1985年，文莱官方派特使专程来遗址考察，并代表文莱政府对中国政府精心保护渤泥国王墓表示感谢。如今，这座掩映在青松翠柏中的渤泥国王墓成为中文两国历史上友好关系的见证，也成为两国人民友谊的象征。[①]

根据考古发掘资料，在距文莱首都斯里巴加湾市中心6千米处的哥达巴都（Kota Batu）曾出土过不少中国历代的铜钱，其中大部分是1368年至1450年间的明代铜钱。这些无疑是明朝初期与文莱彼此间密切交往的历史见证。频繁的政治经济往来，不仅使得文莱在政治上得到了明朝的保护，而且在经济上更是获益良多，在一定程度上奠定了文莱在婆罗洲地区迅速崛起的重要基础。

16世纪末西方殖民主义者入侵文莱后，两国间的官方关系被中断，但两国的民间交往并未中止。

二、文莱独立后两国关系的发展

1984年1月1日文莱摆脱英国的殖民统治，恢复国家主权，中国政府立即对此予以承认并表示祝贺。1988年联合国大会期间，时任中国外长的钱其琛会见文莱外交大臣穆罕默德·博尔基亚亲王殿下，这是文莱独立后中文双方首次正式官方接触。此后，两国外长和高级官员多次在联合国和其他国际会议上接触和交往，就如何发展两国关系交换意见，并开始互致国庆贺电。1989年9月，中国外经贸部部长助理率中国经贸代表团首次访问文莱。1990年，文莱奥委会主席苏弗瑞·博尔基亚亲王亲率团参加在北京举行的第11届亚运会。

[①] 王青:《历代中国与文莱的友好交往》,《东南亚》,1998年第2期，第51-53页。

1991年4月，中国外交部副部长率外交部官员团访问文莱，双方就两国建交及共同关心的国际和地区问题交换了意见。同年7月，钱其琛外长在吉隆坡会见文莱外交大臣默罕默德亲王，双方讨论了两国建交和领导人互访问题。同年9月，文莱外交部常务秘书林玉成率外交部官员团访华，双方草签了《建交联合公报》和《谅解备忘录》。9月30日，两国外长在纽约正式签署两国建交联合公报，宣布自当日起建立大使级外交关系，中文两国正式建交。1993年10月和12月，文、中两国先后在对方首都设立使馆，并互派常驻大使。中国与文莱的建交和建馆为中文友好关系的发展揭开了新的一页。

自中国与文莱建交以来，两国关系稳步发展，双方高层接触频繁。在双方的共同努力下，两国在政治、经济、文化、教育等领域的交流与合作取得了长足进展，在地区和国际事务中相互支持，密切合作，两国的传统友谊显示出了蓬勃生机。

第二节　建交后两国的文化交流

文莱同中国的文化交流，同两国之间的友好关系一样源远流长。早在中国唐代时期，文莱就将龙脑、樟脑和犀角等名贵药材出口至中国，而中国也将陶瓷器皿、金属器、丝绸和珠宝等引入到文莱，两国经贸往来日渐频繁的同时也带动了两国文化的深入交流。

文莱独立后，特别是同中国建交之后，两国文化交往再度繁荣。由于文化交流是巩固友谊的基础，两国政府都非常重视文化的作用。

1993年9月，文莱文青体部部长侯赛因应中国文化部邀请正式访华，双方就开展两国文化、体育交流等问题交换了意见。

1999年8月23至26日，应中国国家主席江泽民邀请，文莱国家元首苏丹对中国进行工作访问，期间两国签署了《中华人民共和国政府和文莱达鲁萨兰国苏丹陛下政府文化合作谅解备忘录》。在备忘录中，两国确定鼓励和支持在美术和传统工艺美术、表演艺术、博物馆、图书馆、文化遗产保护、文化艺术的教育和研究等领域展开合作；鼓励和协助文化、艺术、文学、遗产保护和教育领域的专家、学者、研究人员、教师和学生的交流和互访；发展双边学术机构、技术和研究所、专业协会以及其他文化和学术机构之间的联系；促进和协助双方展开文化科技知识的交流，双方文化学者、专业人员及机构之间的直接联系，并派遣本国专家参加在对方国家举行的会议、研讨会和其他文化会议；双方将鼓励和协助文化艺术展览、表演艺术、文化艺术活动等领域进行交流。《文化合作谅解备忘录》的签订，为两国间开展更为深入的文化交流奠定了机制基础。

2001年8月，中国山东省杂技团到文莱进行商业演出，同时为庆祝中文建交10周年举行专场演出，受到文莱各界的普遍欢迎，玛斯娜公主等观看了演出。同年10月，文莱政府派出由40人组成的歌舞团赴北京举行专场演出。

2004年2月25日，中国残疾人艺术团一行70人应中国驻文莱大使馆和当地华人的邀请，抵达文莱首都斯里巴加湾市，并在一周内在斯里巴加湾市和白拉奕展开三场"我的梦"大型演出。演出获得了当地群众的高度评价，时任中国驻文莱大使魏苇说："中国残疾人艺术团是中国的民间友好使者，她以特殊的方式塑造艺术，展现中华文化的精髓，架起了一座友谊的桥梁。"

2004年7月，文莱文青体部组团参加天津国际少儿艺术节。在艺术节的"HELLO！天津"大型文艺晚会中，文莱少儿艺术团表演了舞蹈《欢迎舞》。在艺术节举办的世界儿童绘画展览展出了文莱少年儿童的画作，生动地反映了文莱少年儿童绚丽多彩的生活。通过艺术节活动，文莱少年儿童得以观看中国舞蹈、京剧、书法、绘画、民乐，游览中国名胜古迹，从中领略中国文化。

2004年11月，在广西南宁举办的"风情东南亚"晚会上，来自文莱的乐队演唱了《缤纷梦想》，告诉人们应远离毒品。他们的演出体现了现代文化艺术与文莱传统艺术的相互交融。

2004年11月21日至28日，应文莱文青体部邀请，由中国文化部组织和驻文莱使馆协调安排，中国新疆歌舞团一行41人到文莱演出。歌舞团于22日、24日、26日晚在文莱国际会议中心、杰鲁东圆形剧场、白拉奕区礼堂分别进行了3场演出，并取得巨大成功，观众好评如潮，舆论给予异乎寻常的大量、充分并充满激情的报道，引起文莱各界强烈反响，在当地掀起了一股中国文化热潮。

2005年8月20日，为纪念中国伟大航海家郑和下西洋600周年，由中国文化部，中国驻文莱大使馆，文莱外交和贸易部，文莱文化、青年与体育部共同举办的"来自中国的和平使者——郑和下西洋600周年纪念展"开幕式在文莱商业中心"The Mall"举行。纪念展中展示的81幅精美图片、22件实物模型以及有关中国与文莱友好交往的文物引起了强烈反响。

2005年8月27日至31日，应中国驻文莱大使馆、文莱中华中学的邀请，中国遵义杂技团在中国海外交流协会林文肯副会长率领下，在文莱进行访问演出。

2005年11月，文莱文青体部派出10名演职员参加在中国广东佛山举办的第七届亚洲艺术节。

2006年4月，文莱外交部无任所大使玛斯娜公主一行14人对中国进行正式访问，期间玛斯娜公主到访南京，拜谒了位于雨花台区的古渤泥国王墓，并为"中国文莱友谊馆"开馆揭幕。

2006年4月14日至4月16日，国家文物局局长单霁翔率团对文莱进行了为期两天的工作访问，并参观了文莱博物馆、王室陈列馆、水村、博尔基亚清真寺等文物单位与景点。

2006年5月19日至25日，为庆祝中文建交15周年、中国—东盟建立对话关系15周年，在中国驻文莱大使馆与文莱文化、青年和体育部的共同组织下，北京舞蹈学院舞蹈团一行21人对文莱进行了为期6天的访问。访问期间，舞蹈团为文莱观众奉献了3台精彩绝伦的中国古典舞蹈，舞蹈演员们用婀娜多姿的肢体语言，将中国的历史、文化和风俗向文莱观众进行了一次生动的解说。

为庆祝文莱苏丹60华诞及文莱中国建交15周年，中国杂技团和中国武术友好表演团于2006年7月先后到文莱进行演出。

2007年4月18日，由中国国家留学基金管理委员会、中国驻文莱使馆、文莱—中国友好协会共同举办的"首届中国教育展"在文莱顺利举行。北京大学、复旦大学等38所中国知名高校参加了此次教育展。

2008年4月23日，由文莱大学语言中心和中国驻文莱大使馆共同主办的首届"中国语言与文化周"在文莱大学举行，通过该活动为文莱公众提供一个了解历史悠久、博大精深的中国文化的机会，进一步加深两国人民间的相互了解和友谊，推动两国关系的全面发展。

2008年11月21日，由中国驻文莱使馆，文莱文化、青年与体育部和文莱—中国友好协会共同主办的云南临沧民族歌舞团演出在文莱国际会议中心举行，歌舞团20多名演员为观众呈现了以"山情水韵"为主题的中国传统民族歌舞。

2009年4月24日，文莱大学语言中心主办"中华语言文化之夜"活动，此次活动由中国驻文莱大使馆和文莱斯里巴加湾市中华总商会赞助，文莱大学学习汉语的学生在活动中展示了中国的语言文化。

2010年，文莱参加上海世博会，文莱国家展馆将热带雨林作为入口处的主展项，展现文莱特有的自然环境。展馆的主体表现为回转的特色图案，其上升的空间和垂直造型象征文莱人民生活水准的逐步提高，体现了文莱发展经济、拓展人民的技能、提高生活质量的抱负，并展示其为保护自然环境、丰富遗产和深厚传统所作的努力。在文莱馆内，参观者可通过触摸屏了解文莱从第一个国家发展战略直至2035年的发展蓝图。同时馆内的4D影院通过视频、声音、风及雨水来展示文莱的多彩风貌。在展馆出口处有当地特色的食物，及文莱独特的手工编织展示。在5月8日的世博会文莱国家馆日活动中，文莱艺术家表演了文莱传统婚礼仪式。

为庆祝中文建交20周年，文莱和中国政府将2011年确定为"中国—文莱友好年"，并举办丰富多彩的庆祝活动。4月至7月，中国驻文莱大使馆、文中友协和华人作协联合举办了"中文友好杯"华语征文比赛，活动得到了文莱各界华人朋友的积极响应，征得了逾50篇优秀稿件。5月10日晚，由中国广西壮族自治区人民政府、中国驻文莱大使馆、文莱文化、青年与体育部主办，文莱中国友好协会协办的"魅力广西"文艺晚会在文莱首都斯里巴加湾市杰鲁东圆形剧场成功举行，晚会上演出了精彩的音乐、舞蹈、杂技、木偶等节目，集纳了近年来广西获得国内外大奖的优秀作品，受到了文莱观众的热烈欢迎。

2012年9月，文莱旅游局携文莱喜悦歌舞团首次参加上海旅游节。开幕式上，文莱花车造型独特，标志性建筑奥玛尔·阿里·赛福鼎清真寺与彩车融为一体，光彩夺目的清真寺黄金顶散发着伊斯兰文化璀璨迷人的气息。而文莱喜悦歌舞团的演员带来了极具文莱特色的民族舞蹈，华丽闪耀的服装搭配演员优美的舞蹈，向中国的观众传递了来自文莱的热情与友谊。

2012年9月23日，在中国广西南宁举行的第九届中国—东盟博览会"魅力之城"展区中，文莱首都斯里巴加湾市艺人身着民族服装在文莱风格的建筑前载歌载舞，向观众展示文莱的特色舞蹈。

2013年2月20日，中国"文化中国·四海同春"艺术团走进文莱，向华侨华人和当地民众奉献了一场极具中国特色的精彩演出，带来新春的欢乐和喜庆。

2013年9月16日，第四届"我的中国和东盟多媒体艺术系列展之和平之乡文莱风情摄影展"在中国贵阳开幕，展览通过大量的摄影图片集中展示了文莱优美的自然景观和丰富的历史人文景象。

2013年10月30日，为促进中国、文莱民间文化交流，增进两国人民的友谊，在中国驻文莱大使馆的支持下，中国青年志愿者首批援文莱服务队以文莱大学为依托，联合文莱国家武术队、文莱书法协会、文莱围棋协会等文莱华人文化组织，在文莱大学举办了以"弘扬中华文化，传承历史精华"为主题的"2013文莱大学中国文化节"活动。

2014年3月22日，文莱宗教部代表团应中国国家宗教局的邀请首次正式访华。3月24日下午，宗教部代表团一行来北大访问，与外国语学院阿拉伯语言文化系的师生进行了座谈和交流。3月25日上午，宗教部代表团一行拜访了中国伊斯兰教协会，双方进行了友好会谈。伊协陈广元会长向代表团介绍了中国伊斯兰教发展、穆斯林基本情况和中国伊协职能等，并就伊斯兰高等教育和人才培养等事业的规划和发展前景向代表团进行了详细介绍。文莱宗教部代表团表示愿意加强文莱宗教部与中国伊协之间的友好联系，促进相互间在伊斯兰文化领域的交流与合作。3月27日至29日宗教部代表团访问上海，代表团在沪期间拜会了上海市民族宗教委，市民族宗教委主任赵卫星、副主任金梅与代表团一行进行了座谈。文莱宗教部代表团访问了上海市伊斯兰教协会，并参加了清真寺主麻活动。

中国同文莱之间的文化交流与合作不仅保持着良好的发展势头，而且有着巨大的发展潜力。不断深化和拓展交流与合作的领域已成为两国政府和人民的共同愿望。展望未来，在和平共处五项原则基础上建立起来的中文友好合作关系，必将得到继续巩固和加强。

参考文献

中文参考文献:

[1] 方汉文.东方文化史[M].上海：上海外语教育出版社，2007.

[2] 范若兰.伊斯兰教与东南亚现代化进程[M].北京：中国社会科学出版社，2009.

[3] 龚晓辉.东南亚国家网络信息检索导论[M].广州：世界图书出版公司，2011.

[4] 贺圣达.东南亚文化发展史[M].昆明：云南人民出版社，1996.

[5] 黄云静.文莱：在低迷中前进[J].东南亚研究，2002（1）.

[6] 黄云静.汶莱的立国哲学[J].东南亚研究，1995（6）.

[7] 黄云静.伊斯兰教与当代文莱政治发展[J].当代亚太，2007（4）.

[8] 季士家.中国文莱交往史考略[J].史学月刊，1987（2）.

[9] 姜永仁、傅增有.东南亚宗教与社会[M].北京：国际文化出版公司，2012.

[10] 李昇平.浸透着伊斯兰文化传统的文莱媒介[J].东南亚研究，2002（4）.

[11] 梁立俊、莫洁玲.文莱社会文化与投资环境[M].广州：世界图书出版公司，2012.

[12] 梁志明、李谋、吴杰伟.多元·交汇·共生——东南亚文明之路[M].北京：人民出版社，2011.

[13] 廖小健.文莱政府的华侨华人政策[J].东南亚研究，1996（4）.

[14] 刘新生，潘正秀.列国志·文莱[M].北京：社会科学文献出版社，2005.

[15] 刘新生.中国与文莱关系史料汇编[M].北京：世界知识出版社，2006.

[16] 刘新生.天堂秘境——文莱[M].上海：上海锦绣文章出版社，2010.

[17] 柳思思.伊斯兰教的"和平"与"中道"理念——伊斯兰教对于文莱政治社会发展的作用[J].东南亚研究，2013（2）.

[18] 马金案，黄斗.文莱国情与中国—文莱关系[M].北京：世界知识出版社，2008.

[19] 邵建平、杨祥章.文莱概论[M].广州：世界图书出版公司，2012.

［20］师小玲.文莱——绿波上的金顶［M］.南宁：广西民族出版社，2006.

［21］孙德安.文莱华教之现状［J］.暨南大学华文学院学报，2003（4）.

［22］万晓宏.文莱华人现状分析［J］.东南亚研究，2004（5）.

［23］吴崇伯.文莱的华侨、华人经济［J］.华侨华人历史研究，1994（3）.

［24］吴向红.文莱君主政体的合法性分析［J］.东南亚，2006（1）.

［25］汪诗明，王艳芬.论文莱独特的君主政体［J］.东南亚研究，2006（1）.

［26］王丹红.文莱华文文学与文莱社会［J］.海外华文教育，2010（4）.

［27］王青.历代中国与文莱的友好交往［J］.东南亚，1998（2）.

［28］王云娇.对文莱能长期保持政治社会稳定的几点看法［J］.东南亚纵横，2005（5）.

［29］许利平.当代东南亚伊斯兰发展与挑战［M］.北京：时事出版社，2008.

［30］一凡、赵朕.路漫漫而修远的文化文学——文莱华文文学概观［J］.世界华文文学论坛，1999（2）.

［31］俞亚克，黄敏.当代文莱［M］.成都：四川人民出版社，1994.

［32］张学刚.文莱民族宗教概况［J］.国际资料信息，2003（12）.

［33］于在照、钟志翔.东南亚文化概论［M］.广州：世界图书出版公司，2014.

［34］庄国土."马来化、伊斯兰化和君主制度"下文莱华人的社会地位［J］.东南亚研究，2003（5）.

外文参考文献：

［1］Abdullah Hussain, Muslim Burmat. *Bunga Rampai Sastera Melayu Brunei.* Kuala Lumpur: Percetakan Dewan Bahasa dan Pustaka，1984.

［2］Abdullatiff Abu Bakar. *Adat Melayu Serumpun. Melaka: Perbadanan Muzium Melaka*，2001.

［3］"Brunei in 1989"，*Asian Survey*，1990.

［4］EIU，*Country Report: Malaysia.* Brunei，1993.

［5］Graham Saunders. *A History of Brunei.* Routledge Curzon，2002.

［6］Hanapi Dollah, Lokman mohd. Zen. *Kebudayaan Melayu di Ambang Abad Baru.* Bangi: Jabatan Persuratan Melayu，1995.

［7］Harun Mat Piah. *Sastera Rakyat Malaysia，Indonesia，Negara Brunei Darussalam: Satu Perbandingan.* Selangor: Dawama Sdn. Bhd.，2003.

［8］Mohd. Taib Osman. *Bunga Rampai: Aspects of Malay Culture.* Kuala Lumpur: Percetakan Dewan Bahasa dan Pustaka，1984.

［9］Sahlan Mohd. Saman. *Persuratan Melayu: Pemerkasaan Warisan Bangsa.* Bangi: Pusat Pengajian Bahasa，Kesusasteraan dan Kebudayaan Melayu，2003.

［10］Siti Rosnah Haji Ahmad. *Bahasa Melayu: An Introduction to Malay Language and Culture.* Kuala Lumpur: Golden Books Centre Sdn. Bhd.，2001.

主要参考网站：

［1］www.bn.chineseembassy.org/chn/wlxw/ 中华人民共和国驻文莱大使馆网站

［2］www.bn.mofcom.gov.cn/index.shtml 中华人民共和国驻文莱大使馆经商处网站

［3］www. mofcom.gov.cn 中华人民共和国商务部网站

［4］www.fmprc.gov.cn/chn/pds/ziliao/ 中华人民共和国外交部网站

［5］www.jpm-bm.gov.bn 文莱首相署网站

［6］www.brudirect.com 文莱综合信息门户网站

［7］www.simpur.net.bn 文莱 Simpur 网

［8］www.moe.edu.bn 文莱教育部网站

［9］www.religious-affairs.gov.bn 文莱宗教事务部网站

［10］www.industry.gov.bn 文莱工业和初级资源部网站

［11］ www.mincom.gov.bn 文莱通讯部网站

［12］ www.kkbs.gov.bn 文莱文化、青年与体育部网站

［13］www.depd.gov.bn 文莱统计局网站

［14］www.e-huawang.com 文莱易华网

［15］www.xinhuanet.com 新华网

［16］www.caexpo.com 南博网

后 记

    本书是解放军外国语学院亚非语系策划编写的《东南亚研究丛书（第二辑）》的组成部分，也是国家外语非通用语种本科人才培养基地暨亚非语言文学国家级特色专业建设点重点建设项目。

    文莱位于加里曼丹岛北部，北邻南海，得天独厚的地理位置决定其自古以来就是东南亚地区重要的交通枢纽。虽然国土狭小、人口稀少，但文莱丰富的石油和天然气资源为其国家和人民创造了巨额财富，使其成为名列世界前茅、令世人刮目相看的富裕国家。如今，文莱独有的区位优势、自然条件以及在"东盟东部增长区"次区域合作中的中心地位决定了其将成为建设21世纪"海上丝绸之路"的重要一环。

    中国与文莱的友好关系源远流长，早在公元5、6世纪，中国史籍就记载了两国互通往来的历史，明朝永乐年间两国关系尤为密切，郑和船队曾两次抵达文莱。自1991年9月30日中国和文莱建立外交关系以来，双边关系发展顺利，各领域友好交流与合作逐步展开。2000年起，双边贸易额大幅上升。2008年4月、2011年4月，两国分别举行第一次和第二次经贸磋商。2010年中文贸易额10.3亿美元，增长142.8%，如期实现两国领导人确定的10亿美元贸易额目标。随着中国—东盟自贸区的建成，中国和文莱的经贸关系进入快速发展时期，越来越多的中国企业到文莱寻求商机，涉及的领域包括通信、石化、房地产、地质勘探、渔业、农业、基础设施建设等。此外，两国在民航、卫生、文化、旅游、体育、教育、司法等领域的交流与合作也逐步展开。先后签署了《民用航空运输协定》、《卫生合作谅解备忘录》、《文化合作谅解备忘录》、《中国公民自费赴文旅游实施方案的谅解备忘录》、《高等教育合作谅解备忘录》、《旅游合作谅解备忘录》等。自2003年7月起，中国对持普通护照来华旅游、经商的文莱公民给予免签证15天的待遇。2005年6月，两国就互免持外交、公务护照人员签证的换文协定生效。2013年3月，文莱苏丹哈桑纳尔访华。同年10月，中国总理李克强在东亚峰会期间到访文莱，两国高层在一年内实现互访。中国与文莱友好关系的发展成为大国与小国和谐共处、合作共赢的典范。

由于文莱国富民安，政治社会稳定，国内外有关文莱社会历史、国情文化的文章著述并不多，所以人们对文莱这个严格执行伊斯兰教规的国家的认识大都局限于它丰富的石油储藏和人民的富裕。在很多人眼里，文莱仍是一个富有但神秘的国度。为满足国人不断增强的对文莱文化进行了解的需求，解放军外国语学院亚非语系的同仁合作编撰了此书。在借鉴前人研究成果的基础上，吸收国内外新近研究成果，并介绍了文莱的最新情况。本书共分十章，从地理、历史、宗教、文学艺术、民俗、物质文化、教育与新闻媒介、旅游、文化交流等多个角度对文莱进行系统介绍和分析。希望本书不仅成为学术研究和知识普及的读物，也成为走近文莱的桥梁，能为促进中国与文莱的深入交流与合作略尽绵薄之力。

本书由唐慧、张向辉、廖娟凤合作完成。唐慧撰写第一、二、三章和第八、九章，张向辉撰写第四、六、七章，廖娟凤撰写第五章和第十章。全书由唐慧负责统稿、修改和定稿。

本书在编撰过程中得到了解放军外国语学院亚非语系主任、博士生导师钟智翔教授的悉心指导和帮助，中国出版集团世界图书出版广东有限公司对本书的出版给予了大力支持。在编写过程中，我们大量参考和借鉴了前人的成果，在此一并表示最诚挚的感谢。

由于受编者水平和资料收集的限制，本书内容难免有错讹或不足之处，恳请各位学界同仁及广大读者不吝批评指正。

编　者

二〇一四年十月

于解放军外国语学院